イラスト図解
会社のしくみ

坂田岳史

日本実業出版社

はじめに

わたしたちの身の回りには、自動車、テレビ、ビデオなどの工業製品から、日用品、文房具、食料品、衣料品などまで、さまざまな製品があふれています。わたしたちは、これらの製品をスーパーやコンビニ、百貨店、専門店などのお店で買います。また、映画館や遊園地、スポーツジム、エステなどサービス業を利用することもあります。

こうした、わたしたちが日頃利用している製品やサービスの多くは「会社」が提供しています。つまり「会社」は、わたしたちが生活していくうえで、なくてはならない存在といえます。

また、わたしたちは学校を卒業すると、社会へ出て働かなければなりません。そのとき、わたしたちに働く場を提供するのも「会社」です。

いまは大学生、高校生という人も、いずれはどこかの「会社」に就職することになるでしょう。就職すれば、1日のうちの8時間くらいを「会社」で過ごすことになります。

このように、わたしたちの生活と密接な関係にある会社ですが、そもそも会社ってなに？　会社のしくみはどうなっているの？　という質問に、すぐに答えられる方は少ないと思います。

大まかにいえば、会社とは、何人かが集まって製品やサービスをつくったり売ったりして利益を上げようとする組織です。社員は社長1人だけという会社もあれば、社員が数万人という会社もあります。

どのような規模の会社であれ、経営資源（ヒト、モノ、カネ）を使ってなんとか儲けようと活動していますし、社員には給料を払わなければなりません。儲けが出れば、税金も納めなければなりません。

本書は、こうした会社の経営活動はどのようなしくみで行なわれているのか、組織はどのような構造になっているのか、お金などの管理はどうしているのか……といった素朴な疑問について解説しています。

これから社会に出ようとしている学生の方や、社会人になって間もない若いビジネスマンにも理解できるように、イラストや図解を活用してわかりやすく説明しました。意外に知らないことが多い会社の基本的なしくみを理解し、これからの就職活動や社会人生活に役立てていただければ幸いです。

2007年7月

坂田　岳史

※本書の内容は2016年11月現在の法律等にもとづいています。

会社のしくみ【もくじ】

はじめに

◆第1章◆「会社」のキホンを押さえよう

01 会社とは？　法人とは？ ―― 14
会社とは、営利を目的として集まった人の集団であり、株式会社などの総称です。

02 会社の種類と特徴 ―― 16
会社には株式会社、合名会社、合資会社、合同会社の４つの種類があります。

03 会社のなかで最も多い株式会社 ―― 18
現在、日本には約１１５万社の株式会社があります。

04 ベンチャー企業とは？ ―― 20
特殊な技術などを活用し、新しい製品やサービスを提供する若い会社です。

05 上場会社と未上場会社 ―― 22
自社の株式を自由に売買できるように、証券取引所に登録している会社が上場会社です。

06 会社はどうやってつくる？ ―― 24
会社を設立するときは、さまざまな手続きが必要になります。

07 会社の「機関」にはどんなものがあるか ―― 26
経営を効率的かつ公正に行なうため、会社にはさまざまな機関があります。

08 オーナー（株主）と社長の関係 ―― 28
オーナー（株主）はお金を出す人、社長はオーナーから経営をまかされた人です。

09 会社と取締役の関係 ―― 30
取締役は株主から経営をまかされた人であり、取締役のなかから代表取締役を選びます。

10 会社と従業員の関係 ―― 32
従業員は会社に雇われている労働者で、パートやアルバイトなども含まれます。

11 会社の倒産とは？ ―― 34
借金の返済ができなくなるなど、これ以上経営活動を続けられなくなった状態です。

コラム 会社が倒産したら社長はどうなる？

◆第2章◆ 会社経営のしくみ

01 会社ではだれが意思決定するのか ―― 38
株式会社の最高意思決定機関は株主総会で、重要なことを決めるときは総会の決議が必要です。

02 会社経営の三権分立とは？ ―― 40
国の立法、行政、司法にあたるのが、それぞれ株主総会、取締役、監査役といえます。

03 株主にはどんな権利があるのか ―― 42
会社に出資するかわりに、配当を受け取る権利や、重要事項を決める権利をもちます。

04 会社の経営資源とは？ —— 44
ヒト・モノ・カネが三大経営資源ですが、最近では「情報」も重要な経営資源になっています。

05 会社にもルールがある —— 46
従業員が働くうえでの基本的な事項や、業務の手順などを定めたルールがあります。

06 経営理念とは？ —— 48
会社が経営活動を行なううえでの規範が経営理念です。

07 経営目標と経営計画 —— 50
会社では、売上などの数値目標をつくり、それを達成するための具体的な計画をつくります。

08 「日本的経営」とは？ —— 52
安定から競争の時代へと変化していくなか、日本的経営も変わらなければなりません。

09 大きく変化してきた経営環境 —— 54
会社には、環境の変化に対応した経営が求められています。

コラム 崩れつつある日本的な経営システム

◆第3章◆ 会社組織のしくみを知ろう

01 意思決定する組織と業務を執行する組織 —— 58
意思決定する組織が決めた方針にしたがって、各部署は業務を行なっています。

02 株主総会とは？ — 60
株式会社の最高意思決定機関で、株主が経営について意思表示をする場です。

03 役員とは？ — 62
役員とは重要な役職についている人たちの総称で、会社では取締役のことをいいます。

04 取締役会の役割 — 64
取締役が集まり、代表取締役や会社の重要事項を決める、会社の機関です。

05 委員会設置会社とは？ — 66
社外取締役を含めたメンバーで構成される3つの委員会を設置している会社です。

06 監査役、会計参与とは？ — 68
監査役は経営内容をチェックし、会計参与は決算書類の作成に力を貸します。

07 ラインとスタッフ — 70
会社では実行する人（ライン）と支援する人（スタッフ）が協力して仕事を行ないます。

08 機能別組織とは？ — 72
業務を効率的に行なうため、多くの会社で取り入れられている一般的な組織形態です。

09 事業部制とは？ — 74
製品別や地域別に「事業部」をつくる制度ですが、近年は導入する会社が減っています。

10 まだある会社内の組織づくりのやり方 — 76
プロジェクト組織や社内ベンチャーなど、いろいろな組織づくりの方法があります。

11 企業グループと持ち株会社 — 78
グループ企業の株をもち、グループ運営だけを行なう純粋持ち株会社が増えています。

コラム　海外から入ってきた経営改革の手法

第4章　会社のなかの仕事にはどんなものがあるか

01 会社のなかの基本的な仕事 ―― 82
企画、開発から製造、販売、総務、経理などまで、さまざまな仕事があります。

02 トップ（経営者）の仕事 ―― 84
経営方針や経営戦略、経営計画をつくり、その実行を指示・管理します。

03 管理職の仕事 ―― 86
最も重要な仕事は、業務が計画どおりに進んでいるかチェックすることです。

04 総務の仕事 ―― 88
直接利益を生む仕事は行ないませんが、会社にとってはなくてはならない部門です。

05 経理の仕事 ―― 90
会社の経営活動にともない発生するお金のやりとりを管理します。

06 営業の仕事 ―― 92
商品を売るだけでなく、販売促進、顧客管理など常に最前線でお客様と接します。

07 製造の仕事 ―― 94
決められた期限までに、決められたコストで、品質の高い製品をつくるのが仕事です。

08 製品開発の仕事 ―― 96
新製品をつくるための技術研究や製品の設計・試作などを行なう仕事です。

09 企画、広報の仕事 ―― 98
企画は経営や営業を支援する仕事であり、広報は「会社の顔」的な存在です。

10 サービス業の仕事 ―― 100
モノをつくったり売ったりするのではなく、お客様に満足を与える仕事です。

11 流通業の仕事 ―― 102
商品をつくるメーカーと消費者の間に位置する小売業や卸業などです。

コラム おろそかにはできない個人情報の管理

第5章 給料や人事制度のしくみ

01 会社にはいろいろな身分の人が働いている ―― 106
正社員だけでなく、パート、アルバイト、契約社員も重要な戦力です。

02 入社から退職までの流れ ―― 108
大卒で入社してから定年退職するまでには、40年近い長い道のりがあります。

03 従業員の労働条件は法律で規制されている ―― 110
経営者より弱い立場の従業員（労働者）を守るための法律が労働基準法です。

04 給料のしくみ ―― 112
賃金にはさまざまなものがありますが、毎月決まって支払われるものが給与（給料）です。

05 これまで、そしてこれからの賃金制度 ―― 114
これまでのような全社員一律の賃上げ方法は、だんだん変化してきています。

06 人事考課とは？ ―― 116
人事考課とは本来、会社が求める人材になってもらうために行なうものです。

07 福利厚生とは？ ―― 118
レクリエーション的なものだけでなく、各種手当や社会保険への加入などもあります。

08 残業と有給休暇 ―― 120
決められた勤務時間を超えて働かせると、会社は割増賃金を支払わなければなりません。

09 さまざまな休暇制度 ―― 122
育児休暇や介護休暇などのほかにも、会社にはさまざまな休暇制度があります。

10 定年と退職金 ―― 124
熟年者の必要性や働き手の減少などから定年を延長する会社が増えています。

11 労働組合の役割 ―― 126
立場の弱い従業員が集まり、従業員の利益のために会社側と交渉します。

12 女性にとっての労働環境 ―― 128
女性が働きやすい環境をつくることが社会的にも求められています。

13 社会保険制度とは？ ―― 130
だれもが安心して働くことができるよう、労働者の生活を守るための制度です。

コラム いまや転職はめずらしくない

第6章 会社の数字について知ろう

01 会社に入ってくるお金、出ていくお金 —— 134
会社には、本業には関係のないお金の出入りも多くあります。

02 売上と利益の違い —— 136
売上から仕入などに使った金額（原価）を引いたものが利益です。

03 利益にもいろいろある —— 138
会社には、違った意味をもつ5つの利益があります。

04 決算とは？ —— 140
1年間の会社経営の総まとめが決算であり、決算書という会社の成績表をつくります。

05 損益計算書のしくみ —— 142
損益計算書をみれば、会社がなにで儲けているかがわかります。

06 貸借対照表のしくみ —— 144
決算時点での資産や負債の状況を表わしたもので、会社のいまの財務状況がわかります。

07 会社の資産・負債とは？ —— 146
貸借対照表に記載される資産と負債について、もう少しくわしくみておきましょう。

08 損益分岐点とは？ —— 148
売上と費用の関係から、いくら売上があれば利益が出るかをみるのが損益分岐点です。

09 連結決算とは？ —— 150
子会社も含めたグループ会社全体で決算を行ない、経営内容を報告します。

10 製品の価格の決め方 152
原価に利益を上乗せするのが一般的ですが、商品戦略によっていろいろな方法があります。

11 資金調達はどうするか 154
経営に必要な資金の調達法には、直接金融と間接金融という2つの方法があります。

12 資金計画と資金繰りの管理 156
毎月のお金の出入りをきちんと管理しないと、資金不足になってしまうかもしれません。

13 会社にかかる税金 158
個人と同じように所得税、住民税、固定資産税、消費税などを納めなければなりません。

コラム 会社に求められるディスクロージャー

第7章 さまざまな経営手法について知ろう

01 最近増えてきたM&A 162
事業の拡大や多角化をねらってM&Aという経営戦略をとる会社が増えてきました。

02 リストラとは？ 164
会社経営の全体をスリム化し、事業を再構築しようとする改革がリストラです。

03 ベンチャー企業に多いファブレス経営 166
生産設備をもたずに企画や設計、販売などに特化して自社の強みを発揮する経営手法です。

04 業務を外部に委託するアウトソーシング ——— 168
定型的な業務などを外部の業者にまかせ、本業に力を入れる経営手法です。

05 ＩＴ経営とは？ ——— 170
ＩＴを戦略的に活用し、売上や顧客満足の向上を図ります。

06 他社の手法に学ぶベンチマーキング ——— 172
他社の優れたところを研究し、自社の改善につなげるのがベンチマーキングです。

07 社会への貢献をめざすＣＳＲ経営 ——— 174
現代の会社には、単に利益を上げるだけでなく、社会全体へ貢献することが求められています。

08 ＢＳＣ経営とは？ ——— 176
結果だけでなく途中経過を管理して、最終的に売上や利益を伸ばす手法です。

09 内部統制とは？ ——— 178
会社のなかで業務が正しく行なわれるようなしくみをつくり、管理します。

10 品質管理や環境への配慮 ——— 180
ＩＳＯを取得し、品質向上や環境問題に取り組む会社が増えています。

コラム 会社にも影響が大きい少子高齢化の問題

カバーデザイン◆新田由起子
カバーイラスト◆繁田周造
本文ＤＴＰ◆ダーツ
本文イラスト◆小林清美

第1章

「会社」のキホンを押さえよう

01

会社とは？ 法人とは？

会社とは、営利を目的として集まった人の集団であり、株式会社などの総称です。

●営利を目的とした集団

たとえば、あなたが趣味でTシャツをつくっているとします。たまたま良いデザインのTシャツができ、それが1000円で売れました。

あなたはもっとTシャツをつくって儲けたいと思いましたが、1人でTシャツをつくるのでは数に限界があります。そこで、友人を集めて20人でTシャツをつくって売ることにしました。みんなTシャツを売って儲けようとはりきっています。

しかし、だれがTシャツをつくり、だれが売るかなどの役割を決めないと、うまく作業が進みません。また、最終的に責任をもつ人間を決めておかないと、お客様からクレームがきた場合などに困ります。さらに、原材料を仕入れたり、設備を購入するために必要な資金を銀行から借りようとしても、個人では貸してくれないこともあります。

そこで、あなたは「会社」をつくり、それぞれの作業の役割と責任者を決めました。これで銀行からお金を借りることもできますし、作業もスムーズにできます。

このような**営利を目的とした集団**のことを会社といいます。

●会社は法律で認められた人＝法人である

「会社」を辞書でひいてみると「法人格を有する組織であり、営利を目的とした人たちの集団」とあります。前述したTシャツをつくって売るために集まった20人の集団は、組織をつくって利益を上げるための活動をしようと集まった人たちであり、まさに「会社」に該当します。

法人とは、自然人＝一般の個人に対する言葉で、法律によって人格を与えられた集団のことです。法律によって「法人格」を与えられると、わたしたち個人と同じように、さまざまな権利や義務が発生します。

つまり、法人格があってはじめて、取引先と契約を結んだり、銀行からお金を借りたりすることができるよう

営利目的▶営利目的とは、法人が経済的な活動によって得た利益を、構成員（出資者や社員）に分配すること。利益を上げても構成員に分配しない場合は、営利目的とはいわない。

になります。また、法人には個人と同様に、税金を納める義務もあります。

　このような「会社」には、株式会社、合同会社、合資会社、合名会社という4つの種類があります。くわしくは次項で説明しますが、会社とは、この4種類の組織の総称なのです。

　なお、役所や公的な団体、NPO、組合なども、同じ目的をもった人たちが集まり、サービスなどを提供していますが、営利目的ではないので会社とはいいません。

■「会社」とは

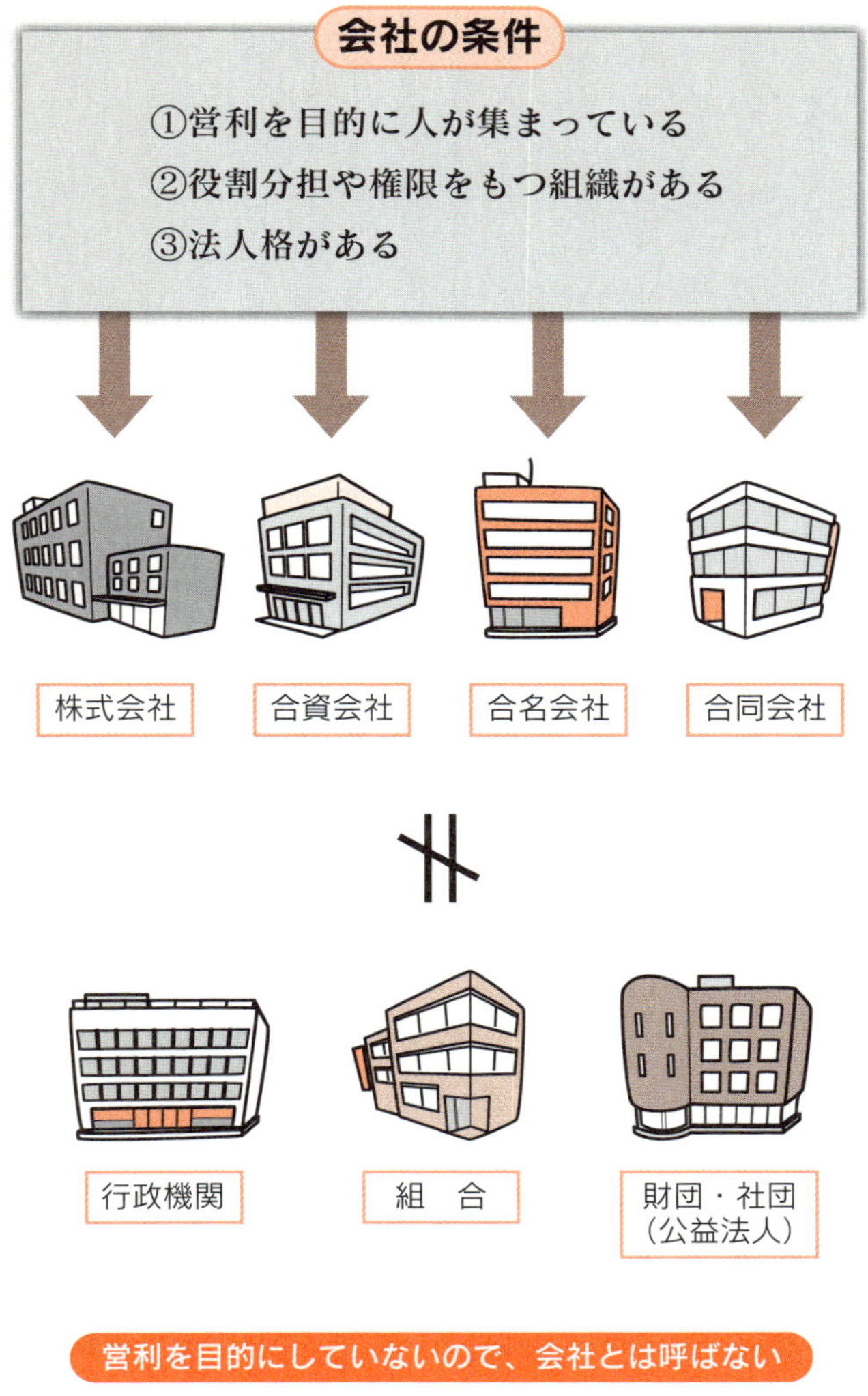

02

会社の種類と特徴

会社には株式会社、合名会社、合資会社、合同会社の４つの種類があります。

①株式会社

会社をつくって事業をはじめようという場合、オフィスを借りたり設備を購入したりするための資金が必要です。この資金を自分でまかえればいいのですが、足りない場合は他の人に出資してもらう（資金を出してもらう）必要があります。

株式会社では、資金を出してくれた出資者のことを「株主」といい、出資した金額に応じて会社が株式を発行します。そして、会社が利益を上げた場合、株主には出資金額に応じて「配当」が支払われます。

また、会社が倒産した場合などは、株主は自分の出資した金額の範囲内でしか責任を負いません。

現在ある会社のなかで圧倒的に多いのが、この株式会社です。

②合名会社

合名会社は、２人以上の「無限責任社員」でつくる会社です。無限責任社員とは従業員のことではなく、実際に出資してビジネスを行なう人で、出資者であり経営者のことです。もしビジネスに失敗して借金をした場合、無限責任社員が返済することになります。

③合資会社

合名会社のように無限責任社員ばかりだとリスクが大きく、出資者が集まらないことがあります。そこで、お金は出すがビジネスには参加しない、そのかわり借金しても出資金以上は返済しなくていいという有限責任社員も出資者とすることができるのが合資会社です。

ただし、合資会社も合名会社も、実際には数が少なく、新たに設立されるケースはほとんどないでしょう。

④合同会社（ＬＬＣ）

合同会社は、２００６年施行の会社法によって誕生した新しい会社の形態です。

Key Word

有限会社▶会社の種類の１つで、資本金300万円以上、取締役1人以上、監査役なしなどの条件で設立でき、小規模な会社をつくる場合に利用された形態。ただし、会社法施行後は廃止された。

■4種類の会社の特徴

	株式会社	合名会社	合資会社	合同会社
出資者の名称	株主	無限責任社員	有限責任社員 無限責任社員	有限責任社員
出資者の数	１人以上	２人以上	２人以上	１人以上
資本金	１円以上	規定なし	規定なし	１円以上
定款の有無	あり（承認が必要）	なし	なし	あり（承認は必要なし）
出資者責任の範囲	出資額の範囲	出資額の範囲をこえて責任を負う（無限責任）	有限責任社員は出資額の範囲。無限責任社員は出資額の範囲をこえて責任を負う	出資額の範囲
会社代表の規定	取締役のなかから代表取締役を決める	社員のなかから代表者を決める	社員のなかから業務執行社員を決める	社員のなかから代表者を決める
取締役の規定	１人以上（取締役会を設置する場合は３人以上）	全社員が役員となる（任期なし）	無限責任社員が業務執行社員となる	全社員が役員となる（任期なし）
意思決定機関	株主総会	全社員の同意	全社員の同意	全社員の同意

合名会社、合資会社では必ず無限責任社員が存在します。無限責任の場合、会社が事業に失敗して大きな借金が残ったら、全額を返済しなければならないというリスクがあります。

合同会社は、このようなリスクを軽減するため、すべての社員が有限責任になります。さらに株式会社では、会社の重要なことについては、株式を買ってくれた人たちで構成される株主総会で決める必要がありますが、合同会社では出資した人たちだけで決めることができるなど、運営が簡単であるという特徴があります。

会社法が施行されるまでは、合資・合名会社の無限責任を避けるためには、株式会社か有限会社をつくる必要がありました。しかし、株式会社（資本金１０００万円以上、取締役も3人以上）をつくるのは簡単ではありませんので、有限会社（資本金３００万円以上、取締役1人以上）をつくるケースが多くありました。

会社法では、有限会社が廃止されて合同会社が誕生し、株式会社も資本金1円、取締役1人でもつくることができるようになりました。

03 会社のなかで最も多い株式会社

現在、日本には約115万社の株式会社があります。

●出資者は有限責任である

16ページでも説明しましたが、有限責任とは「会社が倒産した場合などに、自分が出資している金額の範囲内だけ責任を負う」という意味です。

読者のなかにも株の売買をしている方がいらっしゃるかと思いますが、自分が出資した（株を買った）会社が、たとえ100億円の負債を抱えて倒産しても、その負債について責任を負う必要はありません。そのかわり、出資していたお金（購入した株の代金）は返ってこないケースが多くあります。

このように、有限責任とは出資した額についてだけ有限的に責任をもちます。そのため、出資者のリスクは軽減され、**会社は資金を集めやすくなる**のです。

●所有と経営が分離している

「所有と経営が分離している」とは、会社の所有者＝出資者（株主）と、経営者（社長など）が同じではないという意味です。

株式会社では、株主総会で選ばれた取締役のなかから社長（代表取締役）を選出します。この場合、株主＝社長ではありません。ただし、中小企業の場合は、社長自らが全額出資して会社をつくることがあります。この場合は、社長が株主であり所有者であるため、所有と経営は分離していません。

ちなみに、阪神タイガースのオーナー（株主）は阪神電鉄です。もし、阪神電鉄の社長さんが監督をしても優勝できないでしょう。そのため、野球のプロである監督にチームをまかせているのです。

会社経営も同じで、株主は出資者として資金を出しますが、**実際の経営はプロにまかせる**のです。これが所有と経営を分離する目的といえます。

●株式を売買できる

株式会社を設立する場合、出資者に対して株券を渡し

譲渡制限会社▶会社が発行するすべての株式の譲渡を定款で制限している会社。「公開会社でなない会社」のこと。取締役会や監査役は、設置しなくてもよい。

■株式会社のその他の特徴

①日本で最も数が多く、一般に会社と呼ばれる組織形態である
会社といえば株式会社！

②社員１人から数万人まで、幅広い規模の会社がある
資本金も１円から数十億円まで幅広い！

③会社法により資本金１円、取締役１人からでも設立できるようになった
これで資本金集めには困らない！

④会社法により類似商号規制が廃止になった
同じ会社名（同じ住所になければ）があってもOK！

ます（会社法では株券は原則不発行。ただし定款に定めることで発行できる）。たとえば、あなたが資本金1000万円で株式会社をつくる場合、額面1万円の株券を1000枚発行し、100万円出資してくれた人には株券を100枚、500万円出資した人には500枚を渡します。

数年後、あなたの会社は事業を拡大することになり、新たな株券を発行して資金を集めようとしましたが、なかなか出資者が集まりません。どうすればよいでしょうか？

株式を証券取引所に上場すればよいのです。上場すると、会社の社会的信用も得られますし、証券取引所での株の売買によって、広く出資者を集めることができます。もし、あなたの会社が将来有望であれば、1万円で発行した株式は10万円で売れるかもしれません。このように、株式会社の株式は売買することができるのです。

なお、未上場の会社の株式も売買することができますが、未上場の場合、会社の財務内容などを公開していない会社だと、信用や将来性に疑問をもたれて広く売買するのはむずかしいでしょう。

04

ベンチャー企業とは?

特殊な技術などを活用し、新しい製品やサービスを提供する若い会社です。

●ベンチャーとはハイリスク・ハイリターンなビジネスに挑戦する会社

ベンチャー企業という会社は、株式会社や合同会社などのように会社法で定義されているわけではありません。辞書で調べると「新技術や高度な知識を軸に、大企業では実施しにくい創造的・革新的な経営を展開する小企業」（『デイリー 新語辞典』より）とあります。

それでは、普通の中小企業とどう違うのでしょうか?

たとえば、あなたと友人の2人が、どちらも会社を辞めて事業をはじめるとします。友人は、会社員時代の商品を、会社員時代の取引先の紹介で、小売店に卸す事業をおこします。この場合、商品知識もあり取引先も決まっているので、大きなリスクはありませんが、逆に大きく成長する可能性は小さいでしょう。

一方、あなたは知り合いの大学の先生が開発した高度な技術を利用し、独創的な製品を販売する事業をおこします。この技術はまだ完成しておらず、製品が売れるかどうかもわかりません。しかし、大きく売れる可能性も秘めています。

つまり、友人はローリスク・ローリターン（投資は少ないが、将来の儲けも小さい）なビジネスであり、あなたはハイリスク・ハイリターン（投資は大きいが、成功すれば将来大きく儲かる）なビジネスを選んだわけです。

この、あなたがおこしたビジネスのように、**高度な技術開発などを行ない、リスクの高いビジネスに果敢に挑戦する企業**をベンチャー企業と呼んでいます。

●ベンチャー企業に投資するＶＣ

どんな会社でもそうですが、会社をつくろうとするときに課題となるのが、お金の問題です。とくにベンチャー企業は、新しい技術開発や製品開発にかける資金が必要です。

そのようなベンチャー企業に投資してくれるのが**ＶＣ（ベンチャー・キャピタル）**です。ＶＣは将来、成功す

ガレージ創業▶資金力のないベンチャー企業は、ガレージなどを借りて創業するケースが多い。マイクロソフトのビル・ゲイツ氏も、大きな夢をもち、小さなガレージで創業した。

る可能性が大きいと判断したベンチャー企業に出資（株を購入）し、その会社がビジネスに成功して上場したときに株を売って利益を得ます（これをキャピタルゲインという）。

このような、新しい技術や経営発想をもったベンチャー企業のなかから、将来の日本経済を背負っていくような優秀な会社が誕生するかもしれません。

■ベンチャー企業と一般的な中小企業の違い

ベンチャー企業
給料や昇進などが、年齢や勤続年数でなく実力・能力により評価される
会社ができて新しい（おおむね10年以内）
技術開発中心で、会社の経営自体未熟な部分がある
社員が比較的若い（おおむね20歳台）
成長しており、将来は株式上場を狙っている
新しい技術などを活用した製品・サービスを提供している

新技術や新製品で勝負

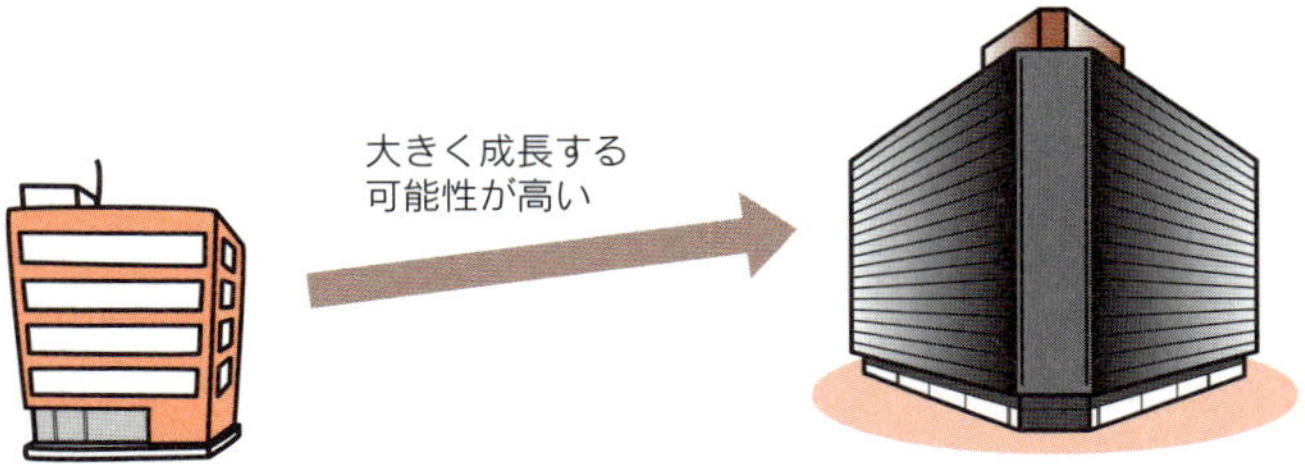
大きく成長する
可能性が高い

一般の中小企業
能力主義もあるが、年齢や勤続年数で給料や昇進が決まるケースが多い
設立30年以上の会社もある
オーナー経営者が多く、経営の経験は豊富である
社員の平均年齢が高い（中高齢者も多い）
株式公開していない企業が多数
営業力や地道な現場改善で競争力をつけている

従来の商品で堅調な経営

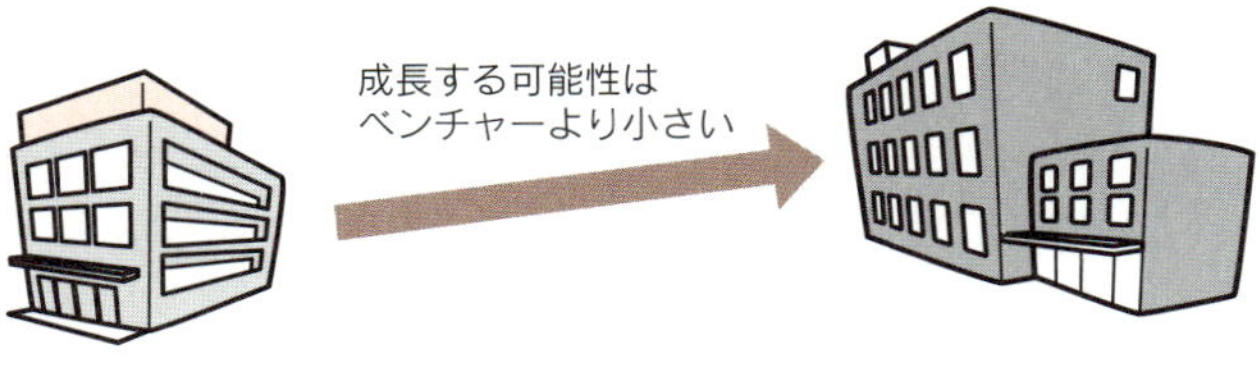
成長する可能性は
ベンチャーより小さい

05 上場会社と未上場会社

自社の株式を自由に売買できるように、証券取引所に登録している会社が上場会社です。

●株の上場とは？

「上場」とは、自社の株式を、証券取引所で自由に売買できるようにすることであり、「株式公開」「ＩＰＯ」（Initial＝最初に、Public＝公開する、Offering＝売り物）ともいわれます。そして、株式を上場している会社を「上場会社」、上場していない会社を「未上場会社」と呼んでいます。

18ページでも説明しましたが、株式会社は出資してくれた人に株式を発行します。会社をつくったばかりの頃は、会社の信用度も低く、資金を集めるために新たに株を発行しようとしても、買ってくれる人はほとんどいないでしょう。

そのため、未上場会社の株はほとんど売買されません。ただし、たまたま知人などが会社の将来性をかってくれて株を買ってくれるかもしれません。その意味で、未上場株は「縁故株」とも呼ばれています。

では、新たな株の買い手をみつけるにはどうすればよいでしょうか？

その答えが上場することなのです。上場すれば、証券取引所で自由に株の売買ができ、**幅広く出資者（株の買い手）を集める**ことができます。

ただし、どんな会社でも簡単に上場することができるわけではありません。上場するためには、会社の売上や利益などが一定以上なければならないという「型式基準」と、会社の業務がきちんとマネジメントされていなければならないという「実質基準」を満たす必要があります。

つまり、法律などに違反せずきちんとした経営をして、売上や利益を確実に出していないと、上場することは認められないのです。

●上場するとデメリットもある？

上場すれば、いいことばかりがあるわけではありません。

未上場のときは、株主は限られており、多くは社長が

グリーンシート▶非上場会社の株式を売買するために、1997年から日本証券業協会がはじめた証券市場制度。ベンチャー企業などの資金調達を円滑にするなどの効果がある。ここで取引される株式は「グリーンシート銘柄」と呼ばれる。

■上場会社のメリットとデメリット

メリット	デメリット
・株式発行など、銀行からの融資にくらべて安いコストで長期的資金が調達でき、自己資本が増えるので財務体質がよくなる ・企業の信頼度や知名度がアップする ・組織的かつ的確な経営管理が求められるので、経営のやり方がよくなる ・優秀な人材を集めやすくなる ・ストックオプションなどが実行できるので、社員のやる気が引き出せる ・創業者の株が売れるので、創業者利益が得られる	・敵対的買収などにより、経営権を失うこともある ・株主総会で株主が納得する報告をする必要がある ・J-SOX法などの法律対応、会計監査対応などでコストと時間がかかる ・株主代表訴訟などにより経営者の責任を問われることがある ・株価の維持や配当を維持しなければならないという圧力がある ・未上場のときは経営者の一存で判断できたが、上場すると株主主体の経営を行なう必要がある

株主でもあるオーナー会社です。この場合、社長の意思ですべてのことを決めることができますが、上場して株主が増えると、社長の意思だけでなく**株主の利益を考えた経営**を行なう必要があります。

たとえば、未上場の会社では、社長の裁量で得意先の接待用として豪華クルーザーを買ってもいいでしょう。しかし、上場すると、新しい株主たちから「そんなお金があるのなら、別のものに投資しろ!」といわれるようになります。

社長や役員など経営陣は、会社に損害を与えると株主から訴訟を起こされ、賠償請求される可能性もあります。さらに、買収者が対象企業の取締役会等の経営陣の承諾なしに買収する「敵対的買収」の脅威にさらされることになります。

上場すると、資金調達もしやすく会社の知名度や信頼もアップしますが、しっかりとした経営をしないと、社会的な批判を浴びたり買収されたりするリスクもあるのです。

06 会社はどうやってつくる?

会社を設立するときには、さまざまな手続きが必要になります。

●まず発起人が資本金を準備する

ここでは、最も代表的な会社である株式会社の設立について説明します。

まず、会社をつくって株主になろうという人を1人以上決めます。これを**発起人**といいます。会社の設立手続きは、この発起人が行ないます。

株主の全員が発起人である場合を「発起設立」、発起人以外に株主を募集する場合を「募集設立」といいますが、通常は発起人が1人の発起設立のケースが多いでしょう。

なにか新しいことをはじめるときには「元手が必要」になります。会社をつくる場合の元手は**資本金**になります。まず発起人は、この資本金を準備する必要があります。

会社をつくってビジネスをはじめようとする場合、事務所や店舗を借りるための費用やさまざまな設備・備品をそろえるためのお金が必要です。現在は最低資本金の規制がなくなり「資本金1円」でも会社はつくれますが、実際にはそれなりのお金が必要になります。

●法務局への登記によって会社は認められる

資本金を準備すれば、それだけで会社がつくれるわけではありません。「商業登記法」という法律に決められた手順にしたがって手続きを行なう必要があります。

具体的な手続きの流れは図のとおりですが、なかでも大切なのが**定款**の作成と認証です。定款をつくって公証役場で認証してもらわなければ、会社の設立は認められません。

会社をつくる場合、社名（商号）や所在地、資本金の額、事業内容（目的）などを決めておく必要がありますが、これらの「基本的事項」を書面にまとめたものが定款です。定款は、いわば会社にとっての憲法のようなものといえます。

なお、公証役場とは、公正証書などが公正につくられ

設立登記▶会社を設立するために必要な事項（会社名、目的、資本金、役員名など）を広く世間に知らせるために登記簿に記載すること。人が生まれたら戸籍に登録されるのと同じように、会社も設立登記によって存在が認められる。

■会社の設立手続きの流れ

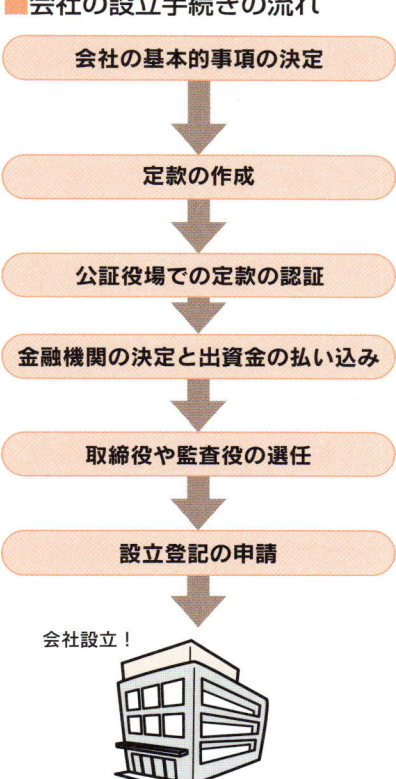

会社の基本的事項の決定
会社の商号や資本金、所在地、目的（事業の内容）など基本的な事項を決める

↓

定款の作成
会社の目的や取締役数、本店所在地、株主総会開催時期など会社の重要事項を決めて定款に記述する

↓

公証役場での定款の認証
公証役場で定款の認証を受ける

↓

金融機関の決定と出資金の払い込み
資本金の振り込み金融機関を決めて、資本金を振り込む

↓

取締役や監査役の選任
新たに取締役や監査役に就任する人から就任承諾書を得る

↓

設立登記の申請
会社の本店を所轄する法務局へ会社の登記申請を行なう

↓

会社設立！

ていることを証明する権限をもつ公証人の事務所のことで、一般の市役所などとは異なります。

そのほか、定款で決めた資本金を銀行などの金融機関に振り込む、会社の取締役や代表取締役を選ぶ……などの手続きを経て、最終的には法務局に**登記申請**をすることで手続きは終了です。

法務局への登記申請が認められてはじめて、会社は法人としての資格（法人格）を得ることができ、取引先との契約などが行なえるようになります。

07 会社の「機関」にはどんなものがあるか

経営を効率的かつ公正に行なうため、会社にはさまざまな機関があります。

会社の機関とは、会社を運営するために必要とされる基本的な組織のことで、会社法によって決められています。会社（株式会社）には、主に次のような機関があります。

①株主総会

株主総会は、株式会社の株をもっている人たちが集まって、会社の重要な事項を決める会議であり、会社のなかの最高意思決定機関です。通常、株主総会は決算後に開かれますが、臨時株主総会は時期や回数が決まっておらず不定期に開催されます。

株主総会では、定款の変更、会社の合併・解散、取締役や監査役の選任などの議題について話し合い、株主は自分がもっている株の数に応じて与えられた議決権により、賛成か反対かの意思を表明します。

②代表取締役・取締役

取締役は、株主総会で選出され（すべての株式会社で1人以上必要）、会社の経営を行ないます。そして、取締役のなかから会社の業務執行責任者である代表取締役を選出します。なお、代表取締役は2人以上いてもかまいません。

③取締役会

複数の取締役の集まりで、代表取締役の選出や、会社の重要な業務についてどうするかを決定します。取締役会は、3人以上の取締役がいないと設置できません。

なお、企業統治の観点から社外取締役を設置する会社もありますが、会社法改正により大会社や監査役設置会社が社外取締役を設置しない場合、株主総会で「社外取締役を設置できない理由」を説明しないといけなくなりました。

④監査役

会社の会計内容や取締役の仕事内容などを監査します。株式譲渡制限会社（19ページ参照）では監査役を置くかどうかは自由ですが、取締役会を設置する会社では原則として置かなければなりません。

機関設計▶取締役、取締役会、監査役、監査役会、会計参与などの会社の機関を、どのようにつくるかを決めること。会社法の施行後は、これまでより自由な機関設計が認められている。

■主な株式会社の機関

	大会社以外の株式譲渡制限会社（中小企業など）	大会社かつ株式譲渡制限会社（大きい会社だが株式上場していない）	大会社以外かつ株式譲渡制限なし（会社は小さいが株式上場している）	大会社かつ株式譲渡制限なし（大きい会社で株式上場している）
株主総会	必ず設置	必ず設置	必ず設置	必ず設置
取締役	1人以上	1人以上	3人以上	3人以上
取締役会	任意設置	任意設置	必ず設置	必ず設置
監査役	任意設置（取締役会設置の場合は必要）	任意設置（取締役会設置の場合は必要）	必ず設置	必ず設置
監査役会	任意設置（設置する場合は取締役会の設置も必要）	任意設置（設置する場合は取締役会の設置も必要）	任意設置	必ず設置
委員会	監査役設置の場合および会計監査人を設置しない場合は設置できない	監査役設置の場合および会計監査人を設置しない場合は設置できない	監査役設置の場合および会計監査人を設置しない場合は設置できない	監査役設置の場合および会計監査人を設置しない場合は設置できない
会計監査人	任意設置	必ず設置	任意設置	必ず設置
会計参与	任意設置（取締役会および会計参与を設置することで監査役に代えることができる）	任意設置	任意設置	任意設置

⑤監査役会

監査方針を決定したり、監査報告書などを作成します。3人以上の監査役で構成されます（監査役会を構成する監査役のうち半数以上は社外監査役でなければならない）

⑥委員会

指名委員会・監査委員会・報酬委員会からなり、経営の監督や迅速な経営判断を行なう機関です。監査役を設置する会社では設置できません。また、会計監査人を設置しない場合にも設置できません。

⑦会計監査人

主に大会社（資本金5億円以上）において、計算書類（貸借対照表や損益計算書など）などの監査を行ないます。会計監査人になれるのは公認会計士や監査法人に限られます。

⑧会計参与

取締役に協力して計算書類などの作成を行ないます。会計参与になれるのは、税理士や公認会計士などに限られます。

08

オーナー（株主）と社長の関係

オーナー（株主）はお金を出す人、社長はオーナーから経営をまかされた人です。

●中小企業ではオーナーと社長は同じケースが多い

18ページでも説明しましたが、株式会社では**所有と経営の分離原則**があり、所有者（株主）と経営者（社長）は同じではありません。

ただし、所有者と経営者が同じケースもあります。たとえば、レストランではよく「オーナーシェフ」という言葉を聞きます。これは、料理人であるシェフが自分でお金を出してレストランをつくり、かつ経営までやっているケースであり、オーナーと経営者が同じです。

また、中小企業では「オーナー社長」という言葉も使われます。これは、会社をつくるときの出資者（株主）と経営者（社長）が同じ人だということです。この場合も、オーナーと経営者は同じです。

一方、大きな会社になると株主は何十万人にもなります（トヨタ自動車の株主は、２００６年3月31日現在で35万人を超えている）。この場合、株主全員で経営するわけにはいきませんので、経営がうまい人を株主総会で選んで経営をまかせるほうが効率的です。つまり、オーナー（株主）と経営者は別になります。

●経営が苦手な人もいる

会社をつくって新たにビジネスをはじめようとする人が、必ずしも会社の経営が得意というわけではありません。

たとえば、新しい技術を開発した人が自分で出資して会社をつくろうという場合、本人は優秀な技術者ではあるが、経営は苦手ということもあります。そのような場合には、別の人を経営者として雇うことも考えられるでしょう。

会社の経営という不得意な分野にわずらわされず、技術開発に専念したほうが、会社にとってもよいのではないでしょうか。

また、会社をつくったばかりで規模が小さいときは、自分が社長になってもなんとかやっていけるかもしれま

同族会社▶3人以下の株主が株式の50％超をもつ会社。とくに中小企業では、経営者（社長）やその配偶者、子供、親、兄弟などの親族で株式の大半を所有しているケースが多い。

せん。しかし、会社が大きくなって従業員や取引先も増えてくると、かなりの労力を経営にとられてしまうでしょう。

経営に失敗して倒産するような事態にでもなれば、従業員や取引先に大きな迷惑をかけてしまいます。会社が大きくなれば社会的責任も大きくなるため、経営は経営のプロにまかせたほうがよいケースも出てくるのです。

■オーナーと経営者の関係

◎オーナー兼経営者の場合

自分でお金を出して会社をつくり、自分で経営するケース。中小企業はほとんどこのケース

◎所有と経営が分かれている

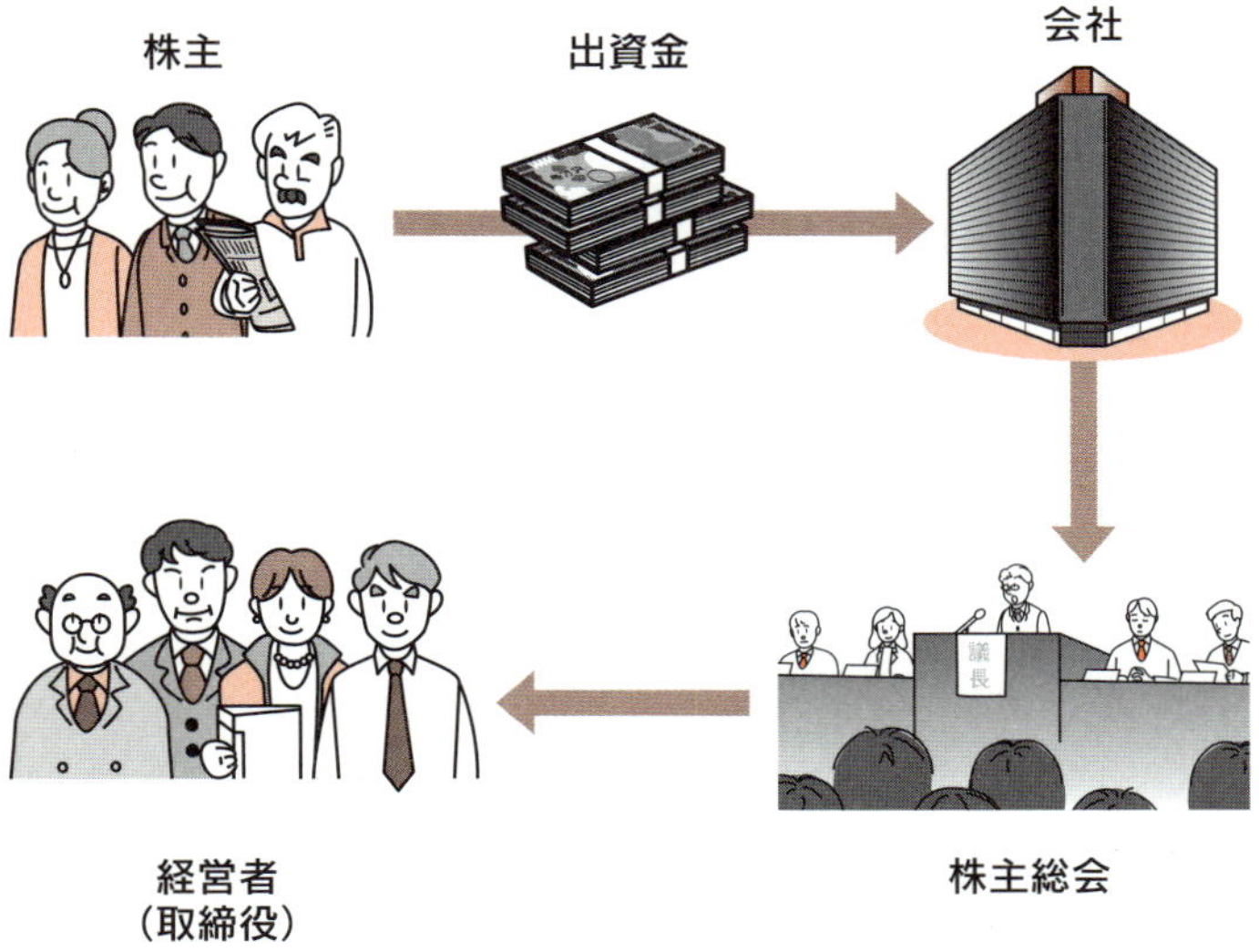

経営者はオーナー（株主）により、株主総会で選任される。上場会社はこのケース

09 会社と取締役の関係

取締役は株主から経営をまかされた人であり、取締役のなかから代表取締役を選びます。

●株主から経営をまかされている取締役

会社には経営者と従業員がいます。このうち経営者とは、株主から経営をまかされた取締役になります。

取締役は、会社と委任契約を結び経営にあたりますが、その選任や退任には株主総会の決議が必要です。また、給料や賞与の額も株主総会の決議によって決まります。

経営とは「ヒト」「モノ（設備や商品など）」「カネ」「情報」を活用して利益を上げるための活動であり、取締役は株主からこのような経営活動をまかされているのです。たとえば、商品を買うためにお金を借りる、接客するために従業員を雇う、製品を製造するために設備を稼動させる、商品を売るために広告をする……などは、すべて経営活動です。

そして、取締役が複数いる場合は、そのなかから「代表取締役」を選出し、代表取締役を中心に経営活動を行なっていきます（代表取締役は2人以上いてもかまわない）。

また、もし経営活動がうまくいかず会社が赤字になれば、取締役は株主総会で解任されることもあります。さらに、故意に会社に損害を与えるような行為を行なえば、株主代表訴訟を起こされ損害を賠償しなければなりません。

このように、**取締役は非常に責任の重い役割**なのです。

●増えつつある社外取締役

以前の日本の会社では、長年勤めて取締役に昇格するのがサラリーマンの夢でした。しかし、もし取締役がすべて自社の生え抜き社員で構成されてしまうと、どうなるでしょうか？

たとえば、取締役が営業部長に「こんなやり方じゃうまくいかないね」と注文をつけると、営業部長から「それは、あなたが部長時代にもやっていたことですよ」と逆に反撃されるかもしれません。そうなると、取締役本来の役割である「業務の管理・監督」ができなくなる可

Key Word

株主代表訴訟▶取締役が違法行為などによって会社に損害を与えた場合、株主が会社にかわって取締役に損害賠償請求を行なう訴訟のこと。裁判に負けると、取締役は個人で賠償金を払わなければならない。

■取締役の責任

①会社に対する責任

・会社の利益を株主に配当する場合に、違法に多い配当を行なった場合（違法配当）

・いわゆる総会屋に金品を与えたり、特定の株主に財産上の利益を与えた場合（利益供与）

・自分または第三者の利益のために、会社が販売している製品と同じものを独自に販売したような場合（競業取引）

・自分の所有する不動産を不当に高く会社に売るなど、取締役が利益を得る一方で、会社に損害を与えるような場合（利益相反取引）

・会社の定款や法律などに違反して会社に損害を与えた場合

②第三者に対する責任

・取締役のずさんな経営のために第三者（株主や取引先など）に損害を与えた場合

③刑事責任

・特別背任罪、会社財産を危うくする罪など

能性があります。

そのため、最近では取締役がきちんと「業務の管理・監督」を行なえるように、過去に自社に関係していない

人を取締役にするケースが増えてきました。これを**社外取締役**といいます。

10 会社と従業員の関係

従業員は会社に雇われている労働者で、パートやアルバイトなども含まれます。

●会社と雇用契約を結んで働くのが従業員

テレビの時代劇をみていると、よく「材木問屋○○屋の奉公人」とか「○○屋の旦那さん」という言葉が出てきます。ここでいう奉公人とは○○屋で働く人で、旦那さんはもちろん○○屋の経営者です。

この奉公人と同じように、ある**会社に雇われて働く人たちが従業員**です。会社は従業員と雇用契約を結んで雇い、製品を製造したり商品を販売したりして売上を上げます。そして、従業員には労働の対価として賃金が支払われます。

会社に雇われて働く人＝従業員にも、最近はさまざまな身分の人たちがいます。従業員というと、一般的には「正社員」を思い浮かべるでしょうが、正社員とは「期間を決めずに継続的に雇用される従業員」のことです。

最近では雇用の流動化により、正社員以外にも「契約社員」「派遣社員」「パート従業員」などの雇用形態が増えてきました。

●従業員の立場を守る法律がある

従業員は会社に雇われているため、基本的には会社の指示・命令にはしたがわなければなりません。しかし、毎日夜遅くまで残業を指示されたり、危険な場所での作業をしたり、さらには休みもなく仕事をさせられたりすると従業員は困ってしまいます。

しかし、従業員は会社に雇われているため立場が弱く、なかなか待遇の改善を要求することができません。

そこで、従業員の立場を守るために、**労働基準法**という法律があり、労働時間の制限や休日数などが決められています。会社は、この法律を守りながら従業員に仕事をしてもらわなければなりません。

労働基準法は会社が守るべき法律ですが、一方で従業員にも守るべき規則があり、これを「就業規則」といいます。就業規則では仕事の開始・終了時間、休憩の時間、休暇の日数などが決められており、従業員はこの就業規則にしたがって仕事をします。

労働基準法▶労働者の労働時間（週40時間）や休憩時間、休日、賃金などの最低条件を決めた法律で、いわゆる「労働三法」の１つ。会社は同法で決められた条件以下で労働者を働かせることはできない。

さまざまな従業員の身分

正社員

・期間を決めずに雇用契約を結ぶ
・新入社員の場合は正社員が多い
・人件費削減などで、その他の雇用形態にシフトしてきている

パートタイマー

・期間と時間を決めた雇用形態
・主婦などが多い
・最近は正社員と同じ待遇にするケースも増えている

アルバイト

・期間と時間を決めた雇用形態
・アルバイトから正社員になるケースもある

派遣社員

・派遣会社から会社に派遣される
・派遣会社と雇用契約を結ぶが、仕事は派遣先の指示で働く
・福利厚生などは派遣会社の待遇による

契約社員

・期間と時間を決めた雇用形態
・会社と個別に雇用契約を結ぶが、期間を決めるため継続して働くのがむずかしい

嘱託社員

・期間と時間を決めた雇用形態であり、契約社員の一種
・定年を迎えた社員で、特殊な能力がある場合、嘱託として仕事を続けるケースが多い

11

会社の倒産とは?

借金の返済ができなくなるなど、これ以上経営活動を続けられなくなった状態です。

●資金的にゆきづまり、銀行取引停止処分になった状態

「倒産」という言葉はよく耳にしますが、具体的にはどういう状態をいうのでしょうか?

簡単にいうと、倒産とは**会社が経営活動を続けられなくなる状態**です。

会社の経営には資金が必要です。商品を仕入れたらその代金を支払わなければなりませんし、事務所を借りていれば家賃が必要です。従業員には給料を支払わなければなりませんし、電話代や光熱費なども必要です。

こうした経営に必要な経費を上回る売上があれば問題ありませんが、入ってくるお金よりも出ていくお金のほうが多いと、会社の資金はどんどん減っていき、ついには経営活動ができなくなります。これが倒産です。

辞書で倒産を調べてみると「財産を使い果たして、事業などが破綻(はたん)すること。とくに会社などがつぶれること。不渡手形を出して銀行取引の停止処分を受けたり、経営にゆきづまって会社更生法の適用を裁判所に申請したりする場合にもいう」(『大辞林 第二版』より)とあります。

つまり倒産とは、具体的には自社が振り出した小切手や手形の決済ができず(不渡りを出す)、銀行取引停止処分になったり、裁判所に会社更生法や民事再生法の申請をした状態のことです。

●倒産した会社を救済する道もある

会社が倒産すると、裁判所が「破産」を宣告し、管財人が会社の財産を債権者に分配するなどして処分します。裁判所をとおさず、債権者と債務者(倒産した会社)が話し合いで財産を処分するケースもあります。

いずれの場合も、会社はなくなってしまいます。

一方で、倒産しても会社がなくならないケースもあります。「再建型の倒産」といわれるもので、**会社更生法**や**民事再生法**などの申請を行ない、裁判所の管理のもと

破産▶借金をした人（債務者）が借金を返せなくなる状態のこと。裁判所に申し立てることで「破産手続き」が進められる。会社が破産すれば「倒産」であるが、個人の場合は「自己破産」となる。

■倒産の種類

倒産の型	方法	内容
再建型	会社更生法の申請	経営が苦しくなり、これ以上経営ができなくなった会社が申請する。裁判所は、再建の見込みがあると判断すると管財人を選任し、以後は管財人が経営権をもち再建を行なう。申請の際に裁判所に予納金を数千万円納める必要があるため、お金に余裕がある大企業の申請が多い
	民事再生法の申請	経営が苦しくなた会社が破産する前に申請することにより、債務整理などができ、会社を再建する方法。裁判所への預託金も会社更生法にくらべて少ない。会社の他に個人でも申請できる。経営権は従来の経営者にあるため、経営者自身が再建できる。ただし、裁判所が再建の見込みがないと判断すれば再建はできない。その場合は、任意整理になる
清算型	破産申請	債務などが支払不能になったときに申請する。裁判所が選任した管財人が会社の資産を債権者（取引先、従業員など）に分配する。債務者自らが申請する場合「自己破産」であり、第三者が申請する場合「第三者破産」となる。会社は消滅する
	任意整理（私的倒産）	法律にもとづかない倒産。倒産のなかで最も多いといわれる。債権者（お金を貸している人など）と債務者（借りている人）が個別に話し合い決着をつける

再建型：経営が苦しくなった会社を存続させ、再建させるタイプ

清算型：会社の資産を債権者に分配し、会社は消滅させるタイプ

で会社の再建をめざす方法です。

会社更生法では経営者が交代しますが、民事再生法では経営者は引き続き経営にあたります。近年では、会社を消滅させずに民事再生法などを申請し、再建する道を選ぶ経営者が増えています。

会社が倒産したら社長はどうなる？

株式会社の株主は有限責任です。つまり、自分の出資額についてしか責任がありません。たとえば、資本金1000万円（すべて社長が出資）の会社が１億円の借金を抱えて倒産した場合、社長が出資した1000万円は返ってきませんが、残りの借金については返済する必要はありません。

社長が株主でない（出資していない）という場合なら、社長はまったく借金を返済する義務はなくなります。

ただし、中小企業の多くは、社長個人が借金の保証人になっていたり、自宅や土地を担保にしているケースがあります。この場合は、社長としてではなく、借金の保証人として返済する義務があります。個人の財産を処分するなどして返済にあてなければなりません。

つまり、会社の借金について個人保証をしている中小企業の社長は「会社の倒産＝お金がなくなる」ということになります。

一方、社長が会社の借金について個人保証をしていない場合は、会社が倒産しても、社長個人が借金を抱えてしまうということはありません。

また、倒産しそうな会社については「会社更生法」や「民事再生法」といった会社の再建方法が用意されています。会社更生法による再建の場合は、社長は経営者としての地位を失いますが、民事再生法ならそのまま社長として会社の経営を続けることが可能です。

第2章
会社経営のしくみ

01

会社ではだれが意思決定するのか

株式会社の最高意思決定機関は株主総会で、重要なことを決めるときは総会の決議が必要です。

●意思決定にも階層がある

小学生の太郎君はある日、お母さんに「頑張って勉強するから１５００円のケーキを買ってほしい」と頼みました。お母さんは「１５００円くらいならいいでしょう」とケーキを買ってくれました。別の日に、今度は「塾にも行くから５０００円のプラモデルを買ってほしい」と頼みました。するとお母さんは「お父さんに相談するわね」。

このようなケースは、よくある話ですね。金額が高くなっていくにつれて意思決定する人が変わっていくのです。

これは会社でも同じです。会社の組織には、事業本部、営業部、営業課などの階層があり、それぞれに事業本部長、部長、課長などの責任者がいます。そして、重要な事項になるにつれて、意思決定する人の職位は上がっていきます。

たとえば、ある会社では、10万円未満の見積もりは課長決裁（課長の判断にまかされる）、１００万円までは部長決裁、それ以上は事業部長が決裁する決まりになっており、１億円以上の見積もりになると取締役会の承認が必要となります。

このように、会社の意思決定は、案件の重要度によって決定者の職位が上がってきます。

●最も重要なことは株主総会で決める

組織論の１つに「責任と権限」というものがあります。つまり、１００万円以上の見積もりを決裁する権限を部長に与えるかわりに、もしトラブルがあったら部長が責任をとるというものです。

会社の意思決定は、すべて「責任と権限」の原則にもとづいて行なわれます。そして、それは組織の階層構造をベースにしています。

ただし、日常の仕事のなかでの意思決定とは違い、「会社の定款を変更する」「会社が合併する」「増資をする」

Key Word

株主総会での決議▶株主総会は、招集の手続きや決議の方法なども法律で決められている。もし、法律の規定に違反して招集したり決議したりすると、株主総会での決議が無効とされることもある。

■意思決定の階層

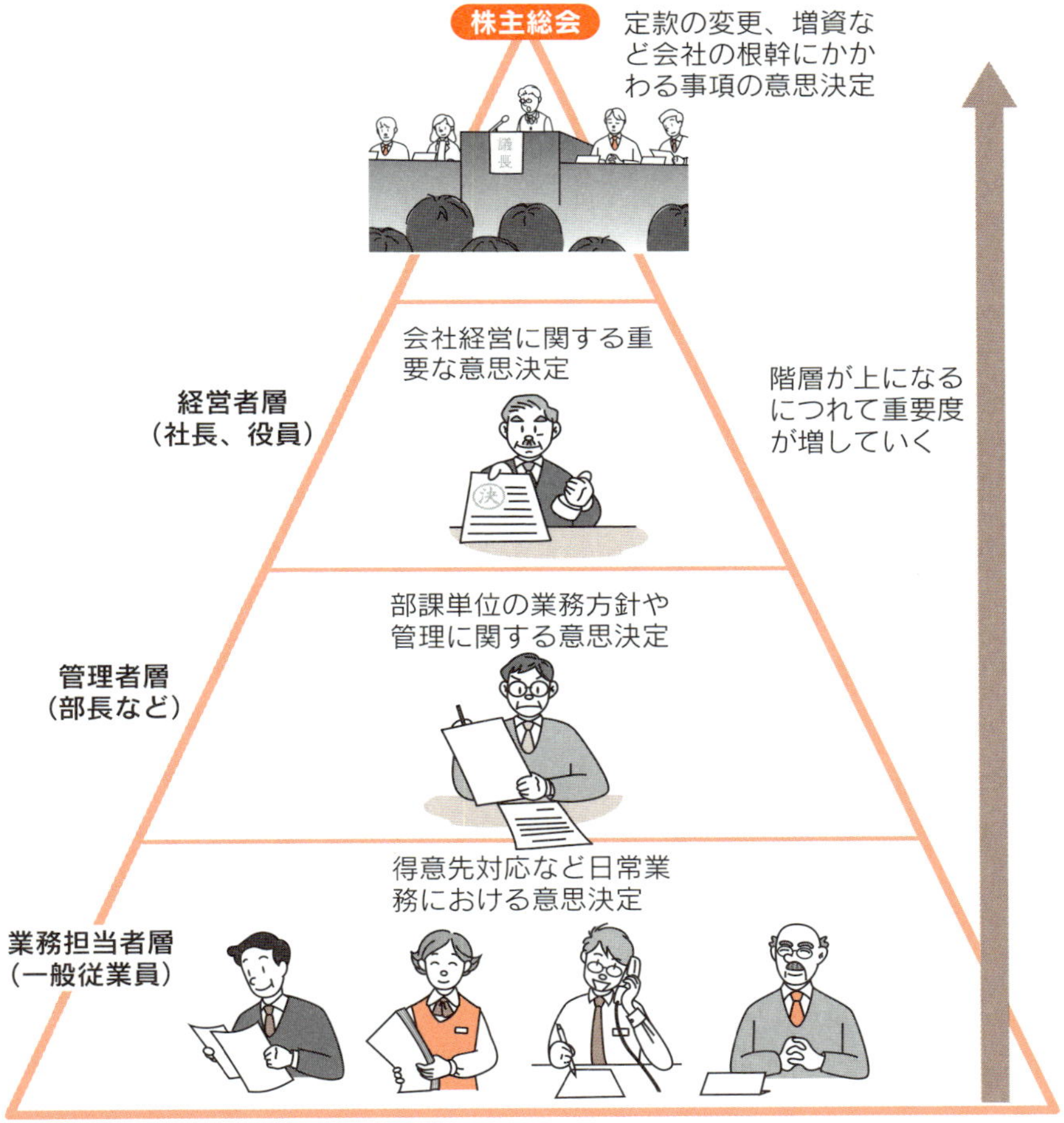
株主総会
定款の変更、増資など会社の根幹にかかわる事項の意思決定
議長
経営者層（社長、役員）
会社経営に関する重要な意思決定
決
管理者層（部長など）
部課単位の業務方針や管理に関する意思決定
業務担当者層（一般従業員）
得意先対応など日常業務における意思決定
階層が上になるにつれて重要度が増していく

など、会社（株式会社）にとって非常に影響が大きい重要な事項の意思決定は**株主総会**で行なわれます。

会社法でも株主総会の決議を必要とする具体的な事項が定められており、こうした事項については、株主総会の決議がなければ無効となります。

つまり、会社における最高の意思決定機関は株主総会なのです。

会社の意思決定システムは、株主総会を頂点にして取締役、事業部長、部長、課長という階層構造になっているのです。

02

会社経営の三権分立とは?

国の立法、行政、司法にあたるのが、それぞれ株主総会、取締役、監査役といえます。

●会社の3つの機関

小学校で「三権分立」という言葉を習ったと思います。これは立法権（国会）、行政権（内閣）、司法権（裁判所）がそれぞれ独立して機能し、国の権力が集中しないようになっているシステムです。

法律は国会でつくり、その法律にしたがって国のさまざまな施策を内閣が実行します。そして、内閣の活動も含めて法律違反がないか裁判所が目を光らせています。もし、三権が分立していなければ、権力者が自分で法律をつくって自分で実施し、自分で裁くわけですから、国民のための政治ではなくなります。

同じように、会社経営にも三権分立があります。それでは、会社の三権分立とはどのようなものでしょうか?

国の場合は、まず国民ありきです。そのため、国民の代表である国会議員が国会で法律などを決めます。会社の場合、所有者は株主ですので、株主が集まる**株主総会**で、株主の意見や方針などをもとに会社の重要事項を決めます。つまり、株主総会が会社の立法権をもっているのです。

会社の経営を行なう**取締役**は株主総会で選ばれ、株主の意向にそった経営活動を行ない利益を出します。利益の一部は配当という形で株主に還元されます。つまり、取締役が行政にあたります。

そして、取締役が会社のためにきちんと経営を行なっているか、不正をしていないかをチェックするのが**監査役**です。この監査役が、国でいう司法になります。

このように、会社では「株主総会」「取締役」「監査役」という三権が分立して経営活動が行なわれているのです。

●従業員の立場からみた三権分立

「株主総会」「取締役」「監査役」という3つの機関は、会社経営のための機関です。一方、会社には従業員がいますが、この3つの機関だけだと従業員の権利が反映さ

Key word

執行役員▶会社の業務執行を担当する役員。通常は、取締役ではない幹部社員に役員と同じような待遇・権限をもたせる。会社法上の「執行役」とは異なる。日本ではじめて執行役員制度を導入したのはソニーである。

■会社のなかの三権分立

①

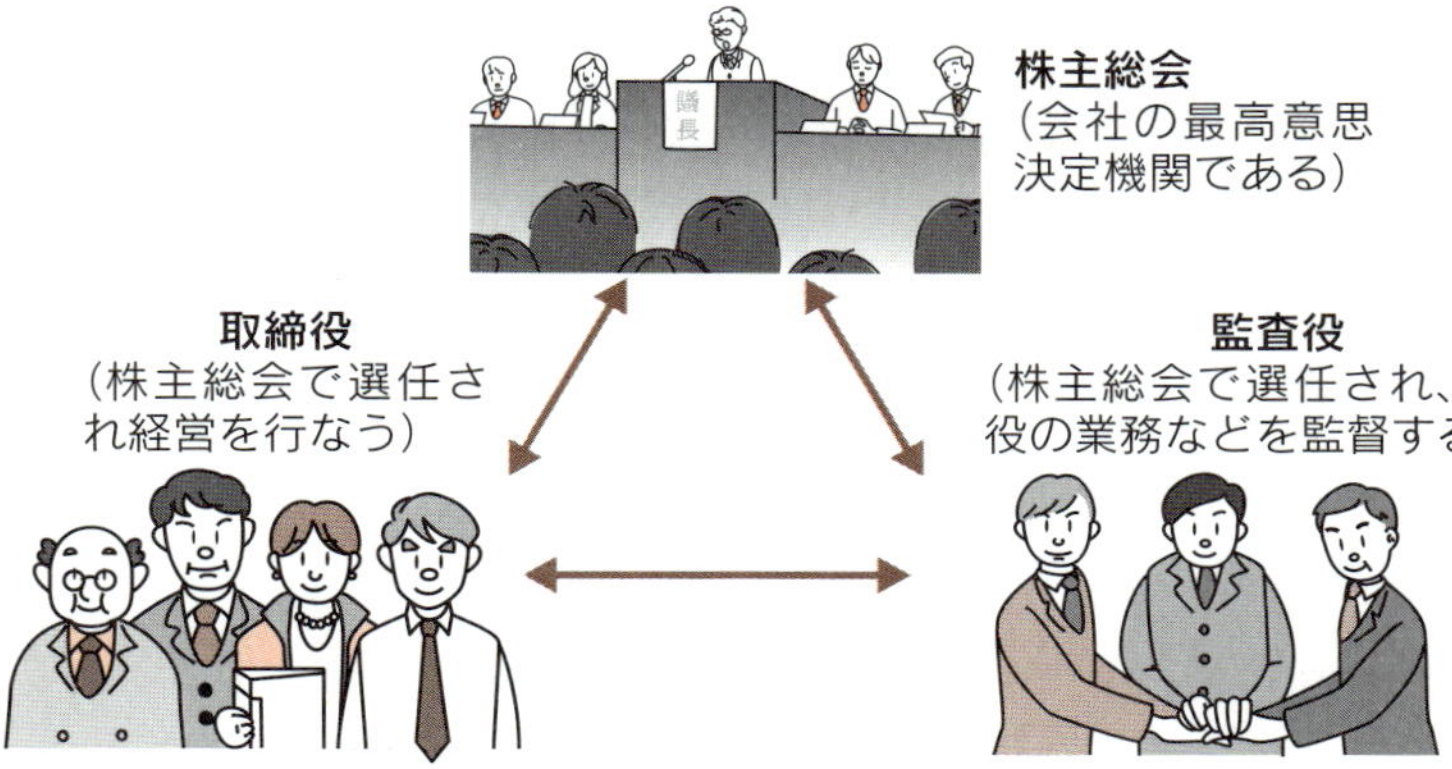
株主総会
（会社の最高意思決定機関である）
取締役
（株主総会で選任され経営を行なう）
監査役
（株主総会で選任され、取締役の業務などを監督する）

②

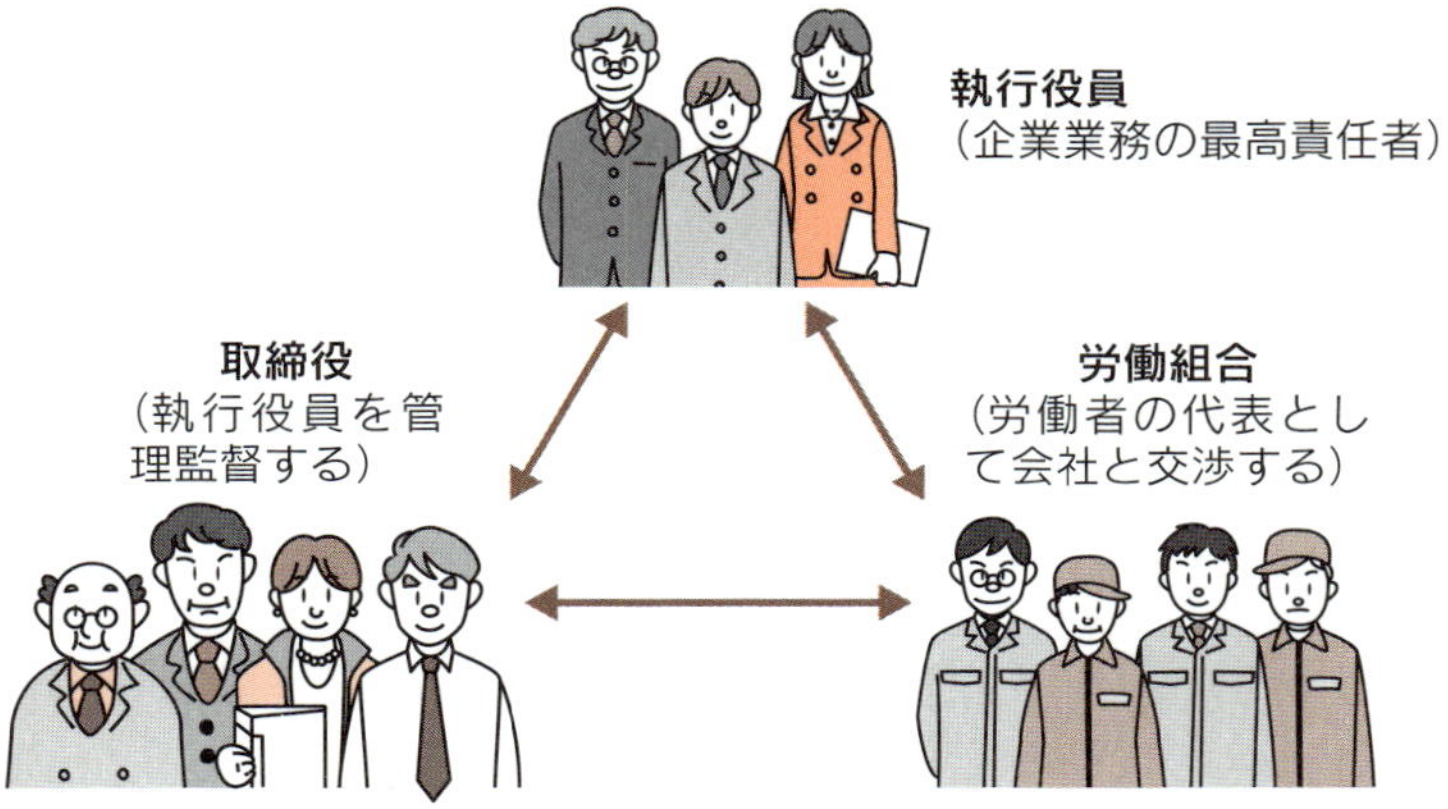
執行役員
（企業業務の最高責任者）
取締役
（執行役員を管理監督する）
労働組合
（労働者の代表として会社と交渉する）

労働者や業務執行の視点を入れると、執行役員（業務執行者）、取締役（管理監督者）、労働組合（労働者）という三権分立も考えられる

れていません。

また、取締役は原則として経営を管理する立場であり、実際の経営活動（業務）を行なうわけではありません。

そこで、従業員を含む実際の経営活動における三権分立として、直接経営活動を行なう「執行役員」、執行役員の経営活動を取り締まる「取締役」、そして従業員の権利を守る「労働組合」という3つを、会社の三権分立とする考え方もあります。

いずれにしても、それぞれの機関が独立して機能することで、会社の経営活動はバランスのよい効率的なものになるのです。

03

株主にはどんな権利があるのか

会社に出資するかわりに、配当を受け取る権利や、重要事項を決める権利をもちます。

あなたの友人が、会社を辞めてレストランをはじめることにしました。しかし、出店資金が足りないというので、友人はあなたに５００万円を出資してほしいといってきました。

もし、レストランが繁盛したら倍にして返し、順調にいけば毎年5万円を利息として支払うといいます。そのかわり、レストランが繁盛しなくて閉店しても５００万円は返してもらえません。さあ、このような条件であなたは友人に出資しますか?

実は株主とは、このような条件で株式会社の株を買っている（出資している）人たちなのです。そのような株主には、次のような権利と義務があります。

〈株主の権利〉

①経営に参加する権利

経営に参加するといっても、友人と一緒に料理をつくるわけではありません。料理をつくる友人に「そんな料理じゃお客様はこないぞ!」と注文をつけるのです。実際には、株主総会に出席して会社の方針に意見をいったり、議案を承認したりします。

②配当を受ける権利

株は、買った後に売ってその差額で利益を得ることができますが、それとは別に、出資した金額に応じた配当をもらう権利があります。

③残余財産の分配を受ける権利

友人のレストランが閉店してしまったとします。５００万円の出資金も、すでにありません。そのような場合、あなたは店に残った調理器具などをもらうことができます。株主には、出資している会社が倒産した場合、残った財産の分配を受ける権利があるのです。

④新株を引き受ける権利

友人のレストランが繁盛してきました。そこで友人は支店を出すことにして、新たに出資者を募集することにしました。支店も繁盛するだろうということで、たくさんの人が応募してきました。しかし、あなたは開店当時

Key Word

配当▶決算後に会社が株主に利益を配分すること。株主は利益配当請求権にもとづき配当金を受け取ることができる。金額は会社の利益をもとに決められるため、赤字のときなどは配当がない（無配）場合もある。

■株主にはいろいろな権利がある

自益権	利益配当請求権	株をもつ会社の利益配分である配当を受け取る権利。配当は必ずあるとは限らず、会社が配当をしないで内部保留することもある
	残余財産分配請求権	株をもつ会社が解散などした場合、債権者に分配した残りの資産を請求する権利。負債が資産を上回った場合は請求できない
	新株引受権	株をもつ会社が、新たに株を発行するとき、優先して新株を引き受ける権利
	株式買取請求権	株をもつ会社が、株主総会で合併が決まったときなど、合併に反対する株主が自分のもつ株を会社に買い取ってもらえる権利
共益権	株主総会における議決権	取締役、監査役の選任や定款変更、会社合併、解散など株主総会での議案に対して議決できる権利
	株主総会の決議取消訴訟提起権	株主総会の招集手続きや決議のやり方などが、法律や定款に違反していたり不正な場合に、決議の取り消し訴訟を起す権利
	株主代表訴訟提起権	取締役や監査役が会社に損害を与えた場合、損害賠償などの訴訟を起す権利

自益権：株主1人の利益のみに関する権利

共益権：会社の運営や利益に関する権利

から出資しているので、優先的に支店出店のための投資をすることができます。

このように、株主は新しく株を発行する場合に優先的に購入できる権利があります。

〈株主の義務〉

株主にはいろいろな権利があると同時に義務もあります。それは、お金を出す義務です。これは、会社の株式を購入することです。

ところで、先ほどの友人のお店が繁盛してきたので、あなたは追加で500万円出資しました。しかし、近所に競合店が出店したため売上がだんだん落ち込み、ついには閉店してしまいました。友人の預金通帳にはお金が残っていません。逆に、銀行から借りた1000万円の借金が残っています。

この場合、株主はどうなるのでしょうか。

まず、出資した合計1000万円は返ってきません。しかし、残った1000万円の借金については返済する義務はありません。

つまり、株主は出資したお金だけに責任を負うことになります。これを「有限責任制度」といいます。

04

会社の経営資源とは?

ヒト・モノ・カネが三大経営資源ですが、最近では「情報」も重要な経営資源になっています。

●戦いに勝つために必要なもの

たとえば戦国時代、戦（いくさ）に勝つためにはなにが必要だったでしょうか?

まず弓矢や刀、鉄砲など戦うための武器が必要です。そして、武器を買うためにはお金が必要です。また、腕のたつ武将がいないと勝負になりません。

さらに、敵の動きを知らずして戦はできません。実際、戦国時代には「忍びの者」という現在の諜報部員のような人たちが活躍していました。

つまり、戦に勝つためには「武器」「武器を買うお金」「武将や兵士」「敵の情報」が必要だったのです。これらは戦に勝つための資源といってもいいでしょう。

実は、会社の経営資源もこれと同じなのです。たとえば、液晶テレビをつくる会社を考えてみましょう。

テレビをつくるためには、部品を購入するためにお金が必要です。また、工場で働く従業員も必要になります。さらに、液晶テレビをつくるためには高度な機械や設備が必要です。

さらに、競合する他社がどのような製品をつくろうとしているかという情報があれば、その先をいく製品をつくることもできるでしょう。

●ヒト、モノ、カネ、そして情報

会社がビジネスを行なっていくためには、なにが必要かわかりましたか?

まず、部品の購入費用や従業員の給料などの「お金」が必要です。お金がなければ部品も購入できませんし、人も雇えません。優れた製品をたくさんつくろうとすると、広い工場や多くの「機械設備」が必要です。

また、機能や性能の高い製品を開発するためには優秀な「人材」が必要ですし、多くの製品をつくるためには工場で働く人が必要です。

さらに、競争が厳しいなかで他社よりも優れた製品をつくろうとすれば、他社の状況や市場のニーズを知るた

「時間」という経営資源▶作業効率を向上させれば、同じ業務を短時間で行なえる。また、現代の経営には、あらゆる面で「スピード」が求められている。そういう意味でいえばヒト、モノ、カネ、情報とともに時間も大切な経営資源である。

めの「情報」も必要です。

こうした「ヒト」「モノ」「カネ」「情報」が、会社にとって欠かすことのできない経営資源なのです。

■会社に欠かせない４つの経営資源

①ヒト
- 新製品などの企画、開発ができる人材
- 製造や販売の現場で働く人材
- 事務処理などをきちんとこなせる人材

など

②モノ
- 製品をつくるための原材料や部品
- 製品をつくるための機械や設備
- オフィス、工場、倉庫
- 特許や商標など無形の財産　　など

③ カネ
- 人件費や原材料の購入など日常の業務で必要になる運転資金
- 未回収の商品代金（売掛金）
- 株や不動産など現金化できる資産

など

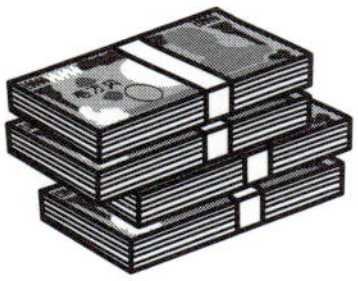

④ 情報
- 市場ニーズや他社の動向などビジネスに必要な情報
- 会社の売上、利益、費用などの会計情報
- 従業員の採用、教育などの人材に関する情報　　など

05

会社にもルールがある

従業員が働くうえでの基本的な事項や、業務の手順などを定めたルールがあります。

戦国時代、織田信長は長篠の合戦で武田勝頼を破りました。このとき、武田の騎馬隊を倒すために、丸太で防御陣をつくり鉄砲の三段撃ちをしたといわれています。

防御陣は、作業員がバラバラに動いたのでは、短時間に完成しません。おそらく、丸太を切り出す役、運ぶ役、陣を組み立てる役など、それぞれ役目があったでしょう。また、それぞれの役目にはリーダーがいて、作業にも一定のルールがあったに違いありません。

このように、集団でなにかを行なう場合は、必ず手順やルールを設け、それにそって作業を行なう必要があります。会社にも、このようなルールが存在しています。

①社内規定

社内規定とは、従業員が仕事をするうえで最低限守るべきことや、従業員の待遇などを定めたものです。

たとえば、仕事をはじめる時間、終わる時間、休憩の時間、休暇などは「就業規則」にまとめられています。得意先に電車で行くときや、出張するときの交通費は「旅費交通費規程」に書かれています。また、退職金の計算方法や支払方法は「退職金規程」にあります。

このような社内規定の内容は、それぞれの会社によって違ってきます。

②業務ルール

たとえばカレーライスをつくる場合、あらかじめニンジンやジャガイモ、肉などの具材、カレールーを、どのような手順でどのくらい入れるかを決めておけば、だれがつくってもおいしいカレーライスができるはずです。

会社での仕事も同様に、それぞれの業務の手順や注意点などを、業務ルールとして決めています。

たとえば、お客様から注文があった場合は「注文台帳に得意先名と商品名、数量を記入する」→「注文後10分以内に倉庫に商品があるか確認する」→「商品があればすぐに出荷するが、ない場合は決められた仕入先に発注書を送る」。

このように、商品の注文を受けたときに担当者が行な

就業規則に違反したら？▶従業員が就業規則に違反した場合、就業規則に記載されている制裁規定にもとづき、始末書の提出、戒告などの処分を受ける。また、会社が就業規則に違反したら、労働基準監督署などから指導を受けることもある。

■さまざまな会社のルール

社内規定	就業規則	仕事の始業・終了時間、休憩時間、有給休暇日数、賞罰などの基本的内容を決めたもの
	パート社員就業規則	パート・アルバイト従業員のための就業規則
	給与規程	昇給などにかかわる規定
	退職金規程	定年退職年齢・退職金の計算方法、自己都合による退職時の退職金計算方法など退職にかかわる規定
	育児休業規程	育児休業の日数、有給・無給の有無、対象となる子の年齢などの規定
	介護休業規程	介護休業の日数、介護する家族の規定、時間外労働などの制限、休暇の回数などの規定
	三六協定	労働組合（あるいは労働者の代表）と結ぶ、時間外労働や時間外割増賃金の額に関する協定
	教育訓練規程	新入社員研修、幹部研修、管理職研修、リーダー研修の内容、時期、対象者、期間などの規定
	旅費交通費規程	業務上の出張などで交通機関を利用するときの交通費規定。遠距離出張の場合は日当などの規定も
	文書管理規程	社内文書の記述方法、管理方法、配布方法などの規定
	車両管理規程	営業車などの利用目的、利用方法、燃料費支払方法など車両に関する規定
	個人情報保護規程	個人情報の取得目的、利用方法、安全管理方法などに関する規定
	機密保護規程	営業秘密や技術開発にかかわる機密の定義、管理方法、漏洩時の対策、罰則などの規定
業務ルール	会社で行なうさまざまな業務について、その内容と手順などを決めたもの	
業務権限規定	業務上の意思決定事項について、最終的な判断責任者と決裁の範囲を決めたもの	

うべき仕事と、その手順を決めたものが業務ルールです。

③業務権限規定

会社では、なんらかの意思決定が必要になります。意思決定の内容も、細かな備品の購入から、経営戦略にかかわるような重要なものまでさまざまです。

こうした重要度の違う事項について、最終的な判断をだれが行なうかを決めておかなければ、混乱してしまうでしょう。ですから、意思決定をすべき事項の重要度に応じて判断の責任者を決めておく必要があります。

この、どの職位の人がどこまで決定していいかを決めておくのが業務権限規定です。

06

経営理念とは？

会社が経営活動を行なううえでの規範が経営理念です。

●ビジネス活動の規範になるもの

私の友人は「病気で困っている人を1人でも多く助けたい」という気持ちで医者になりました。これは友人の理念です。また「自分が住んでいる地域に貢献したい」ということで、町内の夜回りに参加しました。これも立派な理念です。

このように理念とは、なにかものごとを行なうときの基本となる考えです。

会社は、モノをつくったり売ったりする経営活動を行なっています。これは、ただつくったり売ったりしているわけではなく、多くの会社が経営理念という基本的な考えのもとで生産活動などを行なっています。

たとえば、京セラのホームページをみると、経営理念として「全従業員の物心両面の幸福を追求すると同時に、人類、社会の進歩発展に貢献すること」とあります。これは、まずは京セラで働く従業員の幸福を実現し、その結果として大きく社会に貢献していきたいという意味でしょう。

そして、京セラの従業員は、この経営理念にもとづいて各自の仕事を行なっているのです。

経営理念とは、その**会社がビジネスを行なううえでの規範**になるものです。京セラに限らず、トヨタ自動車、ソニー、日産自動車など、あらゆる企業のホームページには必ず経営理念（企業理念）が掲載されています。

●中小企業の理念

経営理念は、なにも大企業だけのものではありません。中小企業も経営理念をしっかりともっています。

ある中小企業（製造業）は「顧客と共に技術の開発と創造に挑戦！」という理念を掲げています。これは、新しい製品を開発するときに、お客様の要望などを取り入れていくという意味です。

そして実際、この会社では製品開発を行なう場合、お客様の要望を最も重要視しているといいます。

企業文化▶それぞれの会社に根づいている価値観や考え方、行動指針、社風などのこと。企業文化は長い経営活動のなかから生まれる、その会社独自のものであり、その原点に「経営理念」がある。

■日本の主な企業の経営理念

1. 人を大切にします。
東芝グループは、健全な事業活動をつうじて、顧客、株主、従業員をはじめ、すべての人々を大切にします。

2. 豊かな価値を創造します。
東芝グループは、エレクトロニクスとエネルギーの分野を中心に技術革新をすすめ、豊かな価値を創造します。

3. 社会に貢献します。
東芝グループは、より良い地球環境の実現につとめ、良き企業市民として、社会の発展に貢献します。

東芝の経営理念　http://www.toshiba.co.jp/about/com_j.htm から引用

綱領
　産業人たるの本分に徹し社会生活の改善と向上を図り世界文化の進展に寄与せんことを期す

私たちの使命は、生産・販売活動を通じて社会生活の改善と向上を図り、世界文化の進展に寄与すること。綱領は、パナソニック・グループの事業の目的とその存在の理由を簡潔に示したものであり、あらゆる経営活動の根幹をなす「経営理念」です。

パナソニックの経営理念　http://panasonic.com/jp/corporate/management/philosophy.html から引用

＜経営理念＞
全従業員の物心両面の幸福を追求すると同時に、人類、社会の進歩発展に貢献すること。

京セラの経営理念　http://www.kyocera.co.jp/company/philosophy/index.html から引用

＜経営理念＞
私たちは「新しいコミュニケーション文化の世界の創造」に向けて、個人の能力を最大限に生かし、お客様に心から満足していただける、よりパーソナルなコミュニケーションの確立をめざします。

NTTドコモの経営理念　http://www.nttdocomo.co.jp/corporate/about/philosophy_vision/philosophy/ から引用

　筆者も小さいながら会社の経営者です。筆者の会社では「一期一会」を経営理念にしています。「どんな小さな出会いでも人と人とのつながりを大事にし、出会ったお客様には最大限の力で支援します」という意味があります。

　自分の会社の方針を確認するとき、また、これから就職しようとするときは、その会社の経営理念をしっかり理解しておくことが大切になるでしょう。

07 経営目標と経営計画

会社では、売上などの数値目標をつくり、それを達成するための具体的な計画をつくります。

●経営目標を達成するために経営計画がある

たとえばプロ野球の場合、チームの目標は優勝でしょう。そして、優勝するためには、まずキャンプで選手を鍛えて戦力をととのえ、シーズンがはじまればスタートダッシュを狙い、最低でも夏くらいまでは優勝圏内にいて、秋には最後の追い込みをかけて優勝する――。各チームの監督は、このような計画を頭に描いてスタートするかもしれません。

会社も同じように、**経営目標**をもっています。

会社の場合は「今期の売上目標100億円、経常利益5億円」など、売上や利益などの数値を目標にするケースが多くあります。そして、その**目標を達成するための経営計画**を作成します。

経営計画には、単年度の経営計画（1年間の計画）、中期経営計画（3~5年）、長期経営計画（5年以上）など、将来を見据えたいくつかの計画を作成します。通常、期間が長くなる計画は、数年に1回程度見直すこともあります。

●大きな計画から小さな計画へ

ある会社が来年度、「前年比売上10％アップ、経常利益10％確保」という経営目標を設定したとします。この目標を達成するためには、店舗を新規に5店出店する、業務の効率化を図り人件費を削減する、新しい商品を取り扱う、などの具体的な経営計画が必要になります。

経営目標を達成するための計画として、まずはこのような大きな計画をつくります。

次に、「店舗を新規に5店出店する」ためには、どこに出店すればよいか場所を決める、店で働く従業員を雇う、店で販売する商品の仕入先を確保する、店の宣伝広告をするという具合に、より細かい計画をつくります。

さらに、「出店する場所を決める」ためには、競合状況を調査する、店舗の建築費用を見積もる、周辺の状況を調べる、などの作業が必要です。

Key Word

月次計画▶年度計画は毎月の計画の積み重ねである。つまり、年度計画を達成するためには、計画をさらに月次（月ごと）に細分化し、月単位で計画が達成できているかを確認していくことが重要となる。

■経営計画の細分化

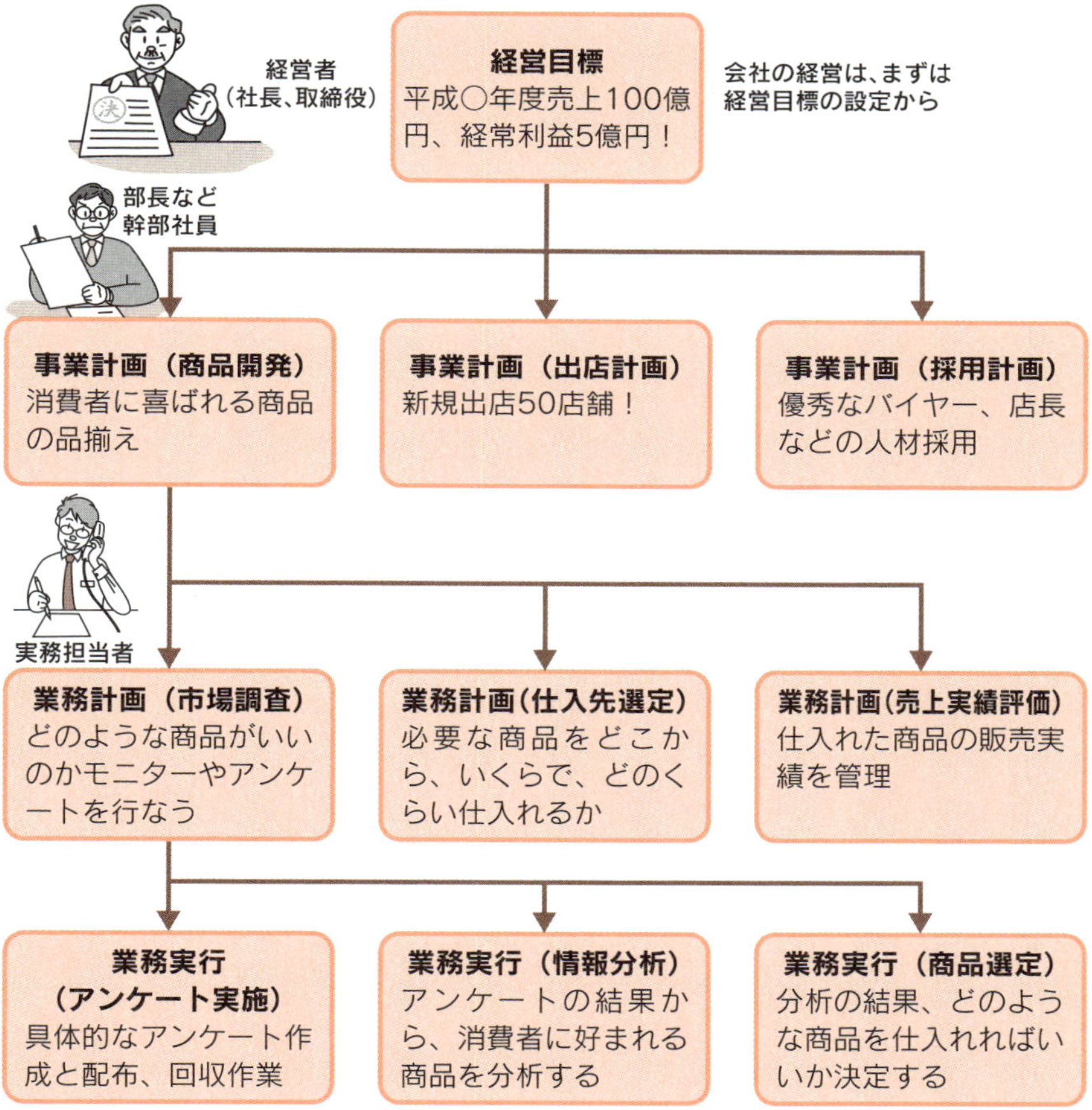
経営者
（社長、取締役）
決
経営目標
平成○年度売上100億円、経常利益5億円！
会社の経営は、まずは経営目標の設定から
部長など
幹部社員
事業計画（商品開発）
消費者に喜ばれる商品の品揃え
事業計画（出店計画）
新規出店50店舗！
事業計画（採用計画）
優秀なバイヤー、店長などの人材採用
実務担当者
業務計画（市場調査）
どのような商品がいいのかモニターやアンケートを行なう
業務計画（仕入先選定）
必要な商品をどこから、いくらで、どのくらい仕入れるか
業務計画（売上実績評価）
仕入れた商品の販売実績を管理
業務実行
（アンケート実施）
具体的なアンケート作成と配布、回収作業
業務実行（情報分析）
アンケートの結果から、消費者に好まれる商品を分析する
業務実行（商品選定）
分析の結果、どのような商品を仕入れればいいか決定する

このように、最初に大まかな計画を立て、それをだんだん小さな計画に落とし込んでいきます。そして最後は、各従業員が担当できる仕事の単位にまで落とし込むのです。

まず売上・利益の経営目標を立て、それを実現するための経営計画をつくり、最後は従業員の仕事にまで細分化していくことで、最初の経営目標を達成しやすくなるのです。

計画を実行する過程では、課長や部長などの部門責任者が計画どおりに仕事が進んでいるかどうかをチェックし、うまくいっていなければ改善するための指示をし、計画が達成できるよう努力していきます。

08 「日本的経営」とは？

安定から競争の時代へと変化していくなか、日本的経営も変わらなければなりません。

●年功序列と終身雇用

一般的な日本の会社では、新入社員は会社の意向で配属先が決められ、その後、勤続年数や年齢に応じて係長、課長、部長と出世していきます。それにつれて給料も上がります。このようなしくみを**年功序列**といい、従来の日本の会社経営の特徴でもありました。

また、一度入社すると、よほどのことがない限り定年まで勤めることができました。これを**終身雇用制度**といい、これも日本の経営の特徴です。

ある程度の規模の会社には、従業員がつくる「労働組合」があり、従業員の代表として会社に給料のアップや休暇の増加など待遇面の交渉をします。

また、多くの会社では、年に1回程度の社内旅行があり、そのほかにボーリング大会やハイキングなどを行なっている会社もあります。このような、仕事以外での従業員に対するサービスを「福利厚生」といい、これも日本的な経営の特徴です。

これまで日本の会社では、高校や大学を卒業して入社した社員を年功制や福利厚生で囲い込み、自社の社風に合うように育て上げて定年まで雇用する、という形態が長く続いていました。

しかし、このようなやり方は、経済が安定しているときは有効ですが、海外から低価格の商品が入ってきたり、規制緩和などで企業同士の競争が激しくなると、逆にマイナス面も出てきます。

企業が競争しているのに、会社のなかでは勤続年数が増えれば出世できるというしくみでは、競争に勝てません。そこで最近では、年功序列ではなく能力主義が重視され、若くても課長や部長などの職位につき、給料も上がるしくみを採用する会社が増えてきました。

●台頭してきた能力主義

１６０年も続いた徳川幕府は、江戸時代という安定した世の中の政府であったため、幕府の重職はほとんど世

Key Word

成果主義▶一定の課題について、どういう成果を出したかで評価しようとする考え方。潜在的な能力も評価する能力主義とは異なる。欧米の会社では一般的な評価システムだが、日本ではマイナス面なども指摘されている。

日本的経営が崩れはじめた

日本的経営

- 年功序列：年齢、学歴、勤続年数などで昇給・昇格が決まる
- 終身雇用：新入社員から定年まで同じ会社に勤務する
- 労働組合：労働者の代表として賃上げなどを会社に交渉する
- 福利厚生：仕事以外で会社が労働者にサービスを提供する

規制緩和による競争激化 → ↓ ← 低成長時代の到来

海外からの安い輸入品 → ↓ ← 消費者ニーズの多様化

日本的経営の崩壊

- 能力主義：年齢、勤続年数ではなく個人の能力を評価する
- 雇用の流動化：スキルアップのための転職が増加
- 労働組合：一律の賃上げでなく賃金改善という方向を提唱
- 福利厚生：カフェテリア方式などサービス選定が可能となる

襲制でした。つまり、優秀な人材を登用するのではなく、代々同じ家の出身者が要職についてきたのです。そのため、幕末にペリーが黒船でやってきたとき、能力のない官僚たちはどう対応していいかわからず、大混乱になってしまいました。

一方、江戸時代の前の戦国時代は、常に戦いの可能性があった競争の時代でした。そうした時代だからこそ、豊臣秀吉のように身分が低くても能力があれば出世できたのです。

現在の日本は市場にモノがあふれ、つくれば売れるという時代ではありません。さらに外国からの安い輸入品も多くあります。構造改革が進んで、企業間の競争も激しくなっています。

このような経営環境のなかで、従来のような日本的経営を行なっていたのでは、会社は競争に勝てません。そのため、終身雇用、年功序列などはだんだん崩れ、能力主義に転換されつつあります。

09

大きく変化してきた経営環境

会社には、環境の変化に対応した経営が求められています。

●消費者ニーズに合わせた多品種少量の時代へ

酒屋に行って「ビールください！」というと、「いろんな種類があるけど、どのビールにしますか？」といわれるでしょう。しかし、いまから30年くらい前までは、赤いラベルのラガービールが大半を占めていました。

この30年の間にビールの種類は20倍以上にもなりました。消費者の好みに合わせて何種類ものビールをつくる必要があったとはいえ、メーカーもたいへんです。

日本では、昭和30～40年代にかけて経済が大きく成長しました(これを高度経済成長時代という)。この時代は、さまざまな商品がまだ普及しておらず、とにかくつくれば売れるという時代でした。ですから、いかに安く大量につくり、いかに効率よく売るかが会社の使命でした。

しかし、先のビールに代表されるように、いまやあらゆる商品があふれています。消費者のニーズも多様化しています。お客様の好みに合わせてつくらなければ、商品は売れません。

このように現在では、多様化した消費者ニーズに細かく対応した商品づくりが求められています。つまり、**多品種少量**（多くの種類の製品を少しずつつくる）の時代になっているのです。

●社会的貢献時代へ

近江商人は何百年も昔から「売り手よし、買い手よし、世間よし」という三方よしの精神で商売を行なってきました。つまり、ものを売って自分がよくなり、それを買った人も喜び、さらに世間（社会）もよくなることが商売繁盛の基本だということです。

現在の会社にも、自分たちのことだけでなく、環境に配慮するなど社会的にも貢献しようという考えが浸透してきています。たとえば、ＩＳＯ１４０００シリーズは企業の環境への取り組みを評価する国際的な規格ですが、日本でも多くの会社が取得しています。

はるか昔から近江商人は社会貢献を理念にしていまし

Key Word

友好的買収▶同じグループ内の企業買収や合併、成績不振の企業救済などを目的にする買収であり、買収される側の会社が協力的なケース。敵対的買収に対抗するため、友好的な会社に自社の株を買ってもらうケースもある。

■敵対的買収とは

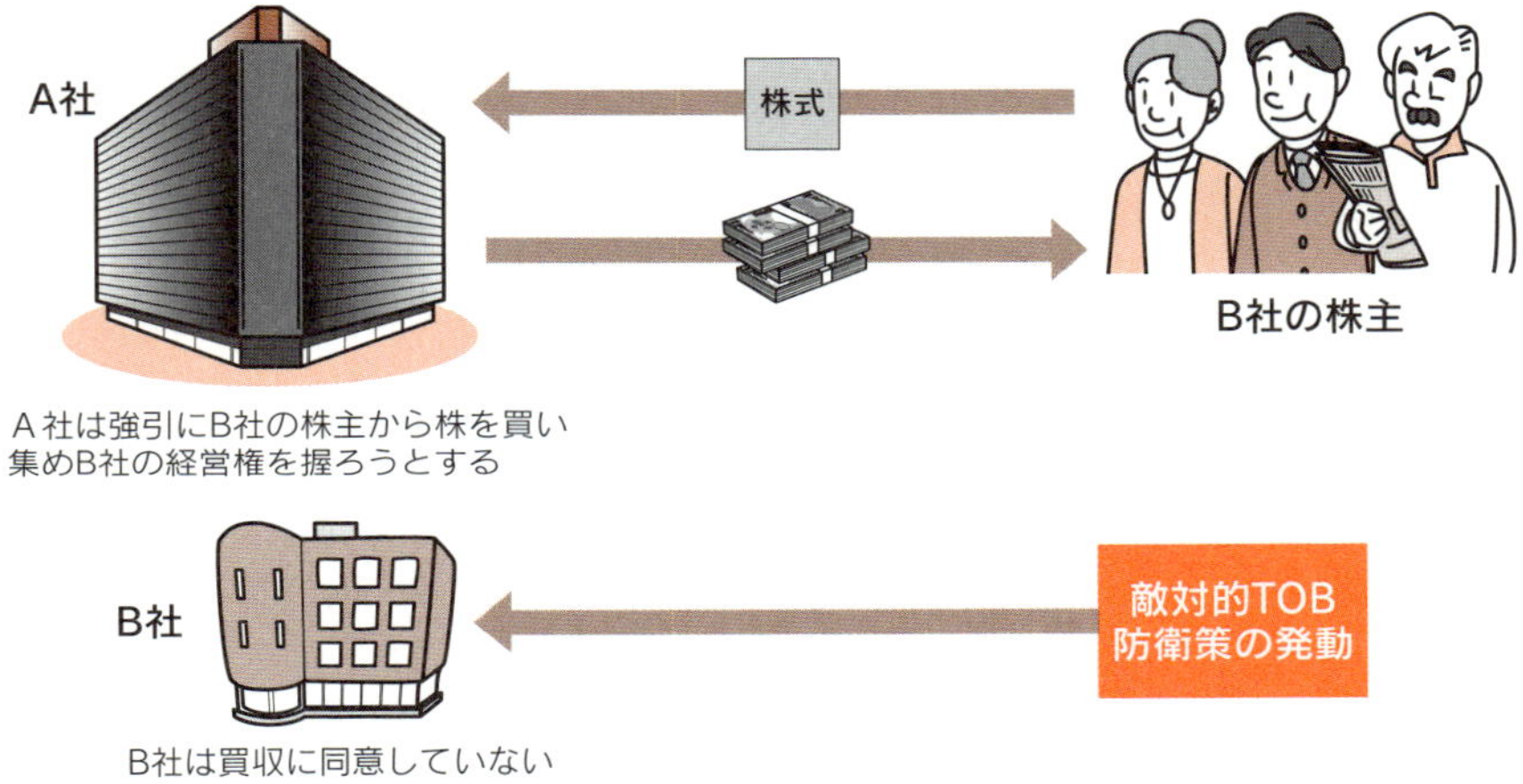
A社
株式
B社の株主
A社は強引にB社の株主から株を買い集めB社の経営権を握ろうとする
B社
敵対的TOB
防衛策の発動
B社は買収に同意していない

TOB（株式公開買付）：ある株式会社を買収しようとする場合に、その会社の株主に対して株式買付の「期間、株数、価格」を公表し、株式市場外で買い集めようとすること

たが、これからの会社にも、経済的な利益の追求だけでなく社会への貢献ということが求められているのです。

●敵対的買収の脅威

従来の日本の会社は「株式の持合い」というしくみで、他社から買収されることを防いできました。これは、自社の得意先や銀行など友好的な会社に、自社の株をもってもらうかわりに、相手の株を自社がもつのです。これにより買収を防ぎ、株価の安定を図ろうとしたのです。

しかし、一部の会社同士で株式を持ち合うということは、株主総会で他の株主の意見が反映されにくい「株主無視」という状況を生みました。

海外では、逆に「株主重視」の考え方が一般的であり、日本でも株主重視の考え方が広まってきています。また、株式持合いでは配当も低いケースがあり、しだいに株式持合いのしくみが崩れてきたのです。

その結果、TOB（株式公開買付）による敵対的買収などが頻発するようになったのです。

これからの会社（とくに上場会社）は、株主重視の経営を行なっていくとともに、敵対的買収などの危険性にも備えておく必要があるのです。

崩れつつある日本的な経営システム

日本的経営の大きな特徴が「年功序列」と「終身雇用」です。

「終身雇用」によって定年までの雇用を保証し、勤続年数に応じて給料や地位が高くなる「年功序列」によって社員を囲い込み、自社の風土や文化に合った社員を育成し、定年まで会社のために仕事をしてもらうことを目的としています。

しかし、現在のように国内・海外を問わず競争の激しい経営環境のなかでは、年齢や勤続年数に関係なく優秀な人材を積極的に登用しなければ、会社は生き残れません。年功序列や終身雇用などといっていられない状況になっています。

たとえば、競争の厳しい実力主義のプロ野球の世界で、球団の在籍年数が長い選手から重要なポジションにつけるなどというやり方では、とても試合には勝てないですね。プロ野球の世界には、はじめから年功序列などという考え方はないのです。

こうした日本的経営がもてはやされた時代がありました。いまから40年ほど前の高度成長期です。日本の経済全体が右肩上がりで成長し、会社の業績も順調に伸びていった時代です。

この時代の日本企業あるいは日本経済の成長の背景には、年功序列や終身雇用といった日本的な経営システムがある、というわけです。社員にとっても、定年まで会社に勤めることができ、毎年給料が確実にアップするのですから、生活は安定します。

しかし、右肩上がりの経済成長が見込めなくなったいま、年功序列や終身雇用といった日本的経営の象徴的なシステムは崩れつつあります。

第3章

会社組織のしくみを知ろう

01

意思決定する組織と業務を執行する組織

意思決定する組織が決めた方針にしたがって、各部署は業務を行なっています。

●意思決定にかかわる組織は株主総会など

野球の試合では、試合の状況をみながら監督がいろいろと作戦を考えます。あるときはバントのサイン、あるときは盗塁のサイン――。そして、監督の作戦をグラウンドで実行するのは選手たちです。つまり、作戦を考えて決める人（監督）と、それを実行する人（選手）が分かれています。

会社の組織も同じようなしくみになっています。

会社のなかで作戦を決める組織はいくつかありますが、なかでも最高の意思決定機関は株主総会です。株主総会では、取締役の選出や定款の変更、会社の合併や解散などの重要なことを決めます。株主総会で選出された取締役（会）は、経営目標など重要な経営戦略、幹部社員の人事、重要な組織変更など業務に関することを決めます。

そして、このような意思決定機関で決めたことを実行に移すのが、業務執行の責任者である執行役員や、その下に位置する事業部長ら会社幹部の人たちです。

このように会社では、株主総会が最高意思決定機関として会社の重要事項を決め、それを受けて取締役（会）が業務上の意思決定を行ない、営業部や製造部などの実行部隊が実際の業務を担当するという組織構造になっているのです。

●実行部隊の組織のつくり方

取締役（会）が決定した方針を受けた実行部隊は、製品企画、製品製造、営業活動、広告宣伝活動などの具体的な業務を行ないます。

この実行部隊としては通常、次のような組織があります。

①機能別組織

企画、製造、販売、総務、経理など、それぞれの機能（業務）ごとに組織化したもので、ファンクショナル組織とも呼ばれます。

Key Word

取締役会▶代表取締役の選任や会社の方針など重要なことを決める会議。3人以上の取締役がいる会社では必ず設置しなければならない。取締役の過半数の出席で成立し、出席取締役の過半数の賛成で決議される。

■会社には意思決定組織と業務執行組織がある

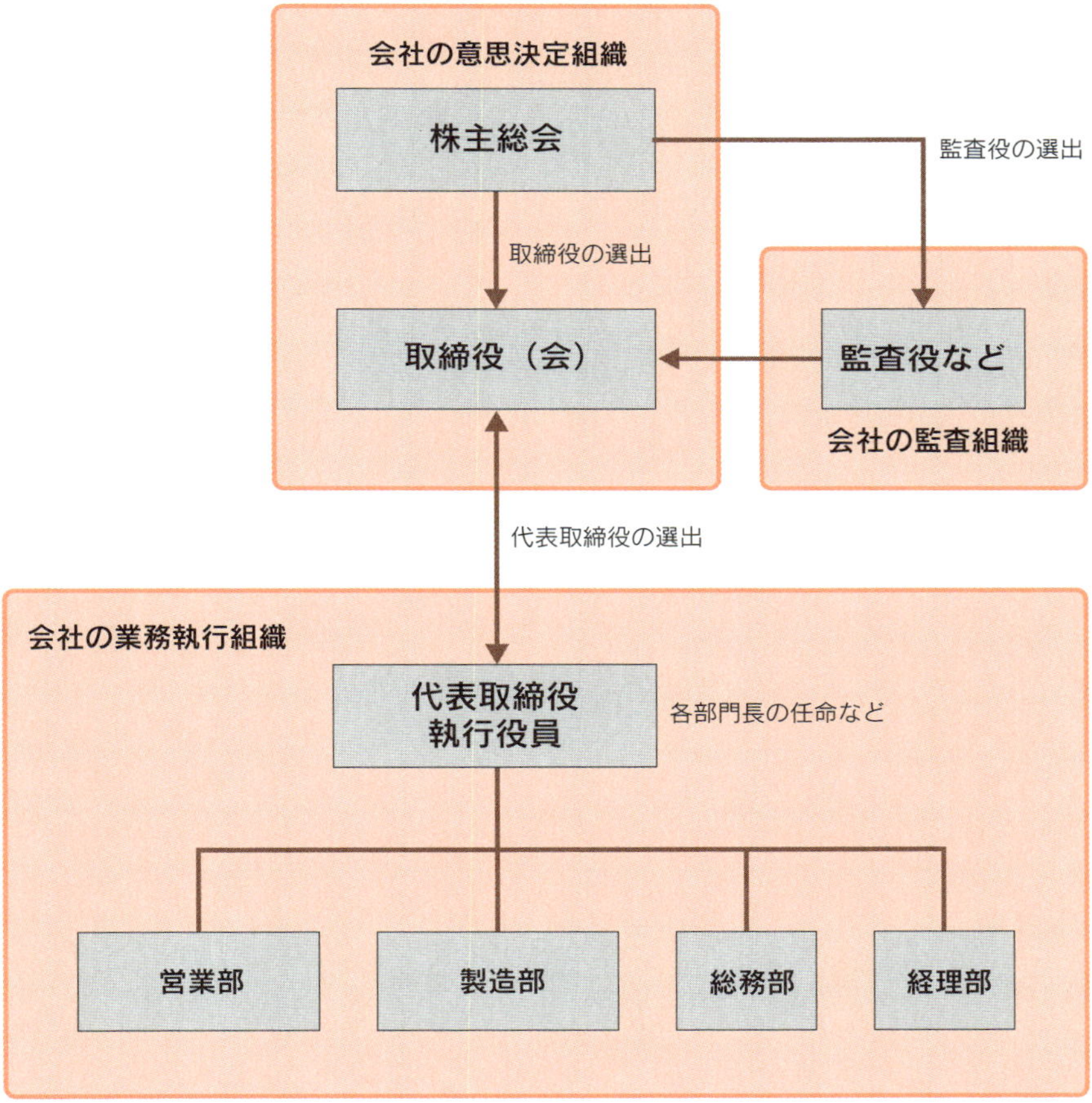

②事業部別組織

製品の種類別や顧客別などの事業単位に対応した組織で、それぞれに企画、製造、販売、総務などの機能別組織をもちます。通常、事業部ごとに売上や利益を確保する独立採算制をとります。

③プロジェクト組織

新製品開発や特定の顧客開拓など、一定の目的と期間を決めてメンバーを集めた組織です。通常は、目的が達成されたあと解散します。

④マトリクス組織

コスト削減組織などをつくり、機能別組織からメンバーを集めた形態です。メンバーは2つの組織に所属するため、指揮命令系統がはっきりしないなどのデメリットもあります。

02

株主総会とは?

株式会社の最高意思決定機関で、株主が経営について意思表示をする場です。

●定時総会と臨時総会

もし、あなたがある会社の株をもっているとします。あなたは株主として、会社の決算がどうなっているのか、今後どのような方向で経営を行なうのかなどについて、知る権利や意見を述べる権利があります。

こうした株主の権利を主張する場が「株主総会」なのです。

通常、株式会社では事業年度が終わってから2か月以内に決算を行ないます（3月末決算の場合、5月末までに決算を終える）。その後に、1年間の事業報告をするため、株主総会が開かれます（3月末決算の会社が多いため、6月に株主総会が多く開かれる）。

このように、毎年、決算が終わったあとに開かれるものを**定時株主総会**といいます。

一方、会社が経営活動を行なううえで重要なことを急いで決める必要がある場合、定時株主総会まで待っていられないため、臨時に総会を開きます。これが**臨時株主総会**です。

最近は敵対的買収という言葉がよく聞かれますが、もし会社が敵対的買収を受けた場合、経営者は防衛策を実施するべきかどうか、臨時株主総会を開いて株主の意思を確認することになるでしょう。

●株主総会で決めること

会社の最高意思決定機関である株主総会では、次のような事項を決定します。

①定時株主総会で決めること

定時株主総会では、会社の経営をまかせる取締役や監査役の選任、取締役や監査役の報酬の額などを決定します。

また、定時株主総会は決算後に開かれるため、決算書などの「計算書類を承認」します。

②臨時株主総会で決めること

臨時株主総会は、必要に応じて開催され、定款の変更、

総会屋▶ある会社の株式をわずかだけ取得し、株主としての権利を濫用することで会社から金品などを得ようとする人たち。もちろん、このような行為は違法であるが、会社が金品を渡すことも違法である。

普通決議と特別決議

普通決議でよい事項	
お金に関する決議事項	会社の決算書の承認
	利益の資本への組み入れ
役員などに関する決議事項	取締役・監査役の選任
	会計監査人の選任と解任（大会社のみ）
	株主総会の議長選任
	取締役・監査役の報酬の決定
定款記載事項に関する決議	新株の発行
	転換社債の発行
	新株予約権付社債の発行

特別決議が必要な事項	
お金に関する決議	第三者への新株・転換社債・新株予約権付社債の発行
役員などに関する決議事項	取締役・監査役の解任
会社に関する決議事項	定款の変更
	事業譲渡
	会社の合併
	会社の解散
	資本の減少

普通決議：株主総会に出席した株主の過半数の賛成で可決される決議

特別決議：株主総会に出席した株主の３分の２以上の賛成で可決される決議

資本の減少、株式交換・株式移転、会社の合併などが検討されます。

なお、株主総会でなにかを決めたり承認したりすることを「決議」といいますが、株主総会での決議には「普通決議」と「特別決議」があります。

普通決議は出席者の過半数の賛成が必要で、特別決議は出席者の3分の2以上の賛成が必要になります。そして、決議する事項によって、普通決議でよいのか特別決議が必要なのかが法律で定められています。

03

役員とは?

役員とは重要な役職についている人たちの総称で、会社では取締役のことをいいます。

●社長や専務など取締役の総称

筆者は学生の頃、学園祭の実行委員をしたことがあります。学園祭の実行委員会は、実行委員のほかに委員長、副委員長、広報部長、渉外部長などで構成されます。これらの人たちを「役員」といっていました。

役員という言葉は、会社だけでなく、さまざまな団体や組織でも使われます。つまり、会社法などの法律で定められた言葉ではなく、一般的に**団体や組織の重要な役職についている人たちの総称**なのです。

では、会社の役員とは、どういう人たちでしょうか。

会社には通常、社長、専務、常務、事業部長、部長、課長などいくつかの職位がありますが、役員といわれるのは、そのうちの社長や専務などいわゆる取締役（経営者）です。

取締役のなかでも順位づけがあり、代表取締役社長、取締役専務、取締役常務、ヒラの取締役などがいます。会社によっては、社長の上に会長職を設けている場合もあります。

いずれにせよ、会長や社長、専務、常務といった呼び名は、会社のなかで独自に決められた役職名であり、法律にそのような名称は登場しません。

●業務執行の責任者である執行役員

取締役は本来、営業活動や生産活動など実際の会社業務を担当するわけではなく、会社の業務がうまくいっているかどうかを「取り締まる」のが役割です。

しかし、日本の会社では「取締役営業部長」や「取締役事業部長」というように、取締役と業務を担当する人（取り締まられる人）が同じ、というケースがあります。これでは、自分で自分を取り締まることになり、本来の取締役としての役割が果たせません。

そこで、近年は**執行役員**という役職を設置する会社が増えてきました。執行役員は、取締役と同じ待遇ですが、従来の取締役とは違って実際の業務を担当するのが役割

使用人兼務役員▶会社と雇用契約を結んでいる従業員（使用人）でありながら取締役も兼ねるケース。取締役営業部長は、取締役でありながら営業の仕事も担当する。

さまざまな執行役員

執行役員名	英字	役割
最高経営責任者	CEO(Chief Executive Officer)	会社の業務執行における最高責任者
最高財務責任者	CFO(Chief Financial Officer)	資金調達、資産管理など財務業務の最高責任者
最高情報責任者	CIO(Chief Information Officer)	情報システムの開発・運用など情報活用の最高責任者
最高技術責任者	CTO(Chief Technical Officer)	技術開発・管理など技術に関する最高責任者
最高知識責任者	CKO(Chief Knowledge Officer)	会社のなかの情報や従業員の知識・知恵管理の最高責任者
最高経理責任者	CAO(Chief Accounting Officer)	経理・会計業務の最高責任者
最高セキュリティ責任者	CSO(Chief Security Officer)	情報セキュリティを含む会社のセキュリティ管理最高責任者
最高営業責任者	CMO(Chief Marketing Officer)	営業·販売業務における最高責任者
最高社会的責任担当者	CSRO(Chief Social Responsibility Officer)	法令順守・社会貢献活動などの最高責任者
最高法務責任者	CLO(Chief Legal Officer)	会社法務における最高責任者
最高ブランド責任者	CBO(Chief Branding Officer)	ブランド構築・浸透、維持における最高責任者
最高開発責任者	CDO(Chief Development Officer)	製品開発、技術開発業務における最高責任者
最高人事責任者	CHO(Chief Human resource Officer)	人材育成・教育、採用など人事管理の最高責任者
最高ロジスティクス責任者	CLO(Chief Logistics Officer)	物流管理業務における最高責任者
最高生産管理責任者	CPO(Chief Production Officer)	納期、品質、コスト管理など生産管理業務の最高責任者
最高個人情報管理責任者	CPO(Chief Privacy Officer)	個人情報の収集、安全管理、利用などの最高責任者
最高品質責任者	CQO(Chief Quality Officer)	製品製造における品質管理業務の責任者
最高戦略責任者	CSO(Chief Strategy Officer)	会社の戦略策定、実行、修正などの最高責任者
最高安全責任者	CSO(Chief Safety Officer)	社内の安産管理を含むリスク管理の最高責任者

※これらの執行役員は法律で決められたものではなく、会社独自で設定したもの。なお、委員会設置会社の「執行役」とは違う

です。

執行役員を置くことによって、業務執行上の責任者と、それを取り締まる責任者を明確に分けたのです。これにより、取締役の本来の役割を果たしやすくしようというのがねらいです。

ただし、執行役員は従来の取締役のような経営者ではなく、あくまで幹部従業員という位置づけになります。

04 取締役会の役割

取締役が集まり、代表取締役や会社の重要事項を決める、会社の機関です。

●会社の運営をまかされている取締役

プロ野球の世界は厳しいもので、いくら有名なピッチャーでもホームランばかり打たれていれば2軍落ちになってしまいます。このとき、だれを2軍に落とすかはチームのオーナーが決めるのではなく、監督やコーチが相談して決めます。

つまり、オーナーは現場のことにはタッチせず、監督やコーチにチーム運営をまかせているのです。もちろん、チームの成績が悪ければ、現場の責任者である監督は解任されます。

会社の場合も、これによく似ています。

株主総会は株式会社の最高意思決定機関であり、会社の重要事項を決めます。しかし、取締役以外の人事や銀行からの借入の承認など、通常業務で発生する意思決定について、いちいち株主全員が集まって議論するわけにはいきません。

そこで、株主総会では取締役という経営の責任者を選任して会社運営をまかせるのです。プロ野球チームのオーナーが監督にチーム運営をまかせるのと同じです。

ただし、経営がうまくいかず大きな赤字を出したような場合には、プロ野球の監督と同じように、株主総会で解任されてしまいます。

経営をまかされた取締役は、業務上の重要事項について意思決定し、従業員にその実行を指示します。つまり取締役は、実際の会社業務についての最高意思決定機関というわけです。

●取締役会は正式な会社の機関

小さな会社では、取締役が1人で、代表取締役もかねているケースが多いでしょう。この場合、1人の取締役がすべてを決めてもかまいませんが、大きな会社になると取締役が10人以上いることもめずらしくありません。

そうなると、1人の取締役がすべてを決められないため、取締役会を開いて合議制で業務上の重要事項を決め

Key Word

取締役会設置会社▶取締役会を設置している会社のこと。株式の譲渡制限会社以外（公開会社）は必ず設置しなければならない。譲渡制限会社は取締役会を設置する義務はないが、必要に応じて設置することができる。

取締役会での主な議題

譲渡制限株式を譲渡する場合の承認と、株の買取人の指定
株式上場会社における新株発行の決定
株式上場会社における新株予約権の発行の決定
定時・臨時株主総会の招集
会社に対して賠償請求などの訴訟が起こった場合の代表者の選任
取締役の競業取引および利益相反取引の承認
取締役が行なう業務内容が適正であるかの職務執行監督
代表取締役の選任および解任
土地・建物、大型設備などの重要な財産の処分など
多額の借入の決定
執行役員、事業本部長など会社において重要な社員の選任および解任
支店設置など重要な組織の設置、変更および廃止
決算書など、会計関係計算書類の承認
中間配当の決定
その他、会社のなかで重要な案件（業務提携、製品開発、経営戦略策定など）の決定

ていきます。

この取締役会は、**会社法で定められている正式な会社の機関**です。よく「役員会」や「常務会」などの名称で会議が行なわれることがありますが、これらは法律上の機関ではなく、会社ごとに行なわれる便宜的な会議です。

05

委員会設置会社とは?

社外取締役を含めたメンバーで構成される3つの委員会を設置している会社です。

●取締役としての役割が果たせていない?

筆者の息子が先日、学校で先生に「毎日勉強する時間を自分で決めて実行してください。そして、できたかどうか自分でチェック表をつくってください」といわれたそうです。

息子をみていると、どうもゲームばかりしていて、あまり勉強してないようです。しかし、チェック表にはちゃっかり「1時間勉強した」と書いています。やはり自分でチェックするのはむずかしいようです。

これは子供の世界だけではありません。会社でも同じです。

取締役は業務執行を取り締まるのが役割ですが、多くの会社（とくに中小企業）では、従業員兼務役員などの形で取締役が実際の業務も担当しているケースがあります。これでは自分で自分を取り締まることとなり、本来の取締役の役割が果たせません。

執行役員制度が普及してきて、業務執行とその取り締まりという役割が分担されているケースもありますが、執行役員制度は法的な根拠がなく、企業によってその制度は違っています。

また、株主総会では取締役を選任したり、取締役の報酬などを決めますが、その原案は取締役会で決めるケースもあります。さらに、監査役は会計内容や取締役の仕事内容を第三者的立場で監査しますが、うまく機能していないケースも多くあります。

●取締役のほかに委員会を設置する

こうした問題を解決するために、会社法では「委員会設置会社」というものができました。

これは、業務を執行する「執行役」と、それを取り締まる「取締役」、そして執行役や取締役を監査・監督する「3つの委員会」からなります。

この3つの委員会は3人以上の取締役が参加し、かつその過半数は社外取締役である必要があります。3つの

Key Word

執行役▶指名・監査・報酬の各委員会を設置する会社（委員会設置会社）では、取締役会が実際の業務執行を担当する執行役を選任する。執行役は取締役と兼務してもよい。

■3つの委員会と執行役、取締役の関係

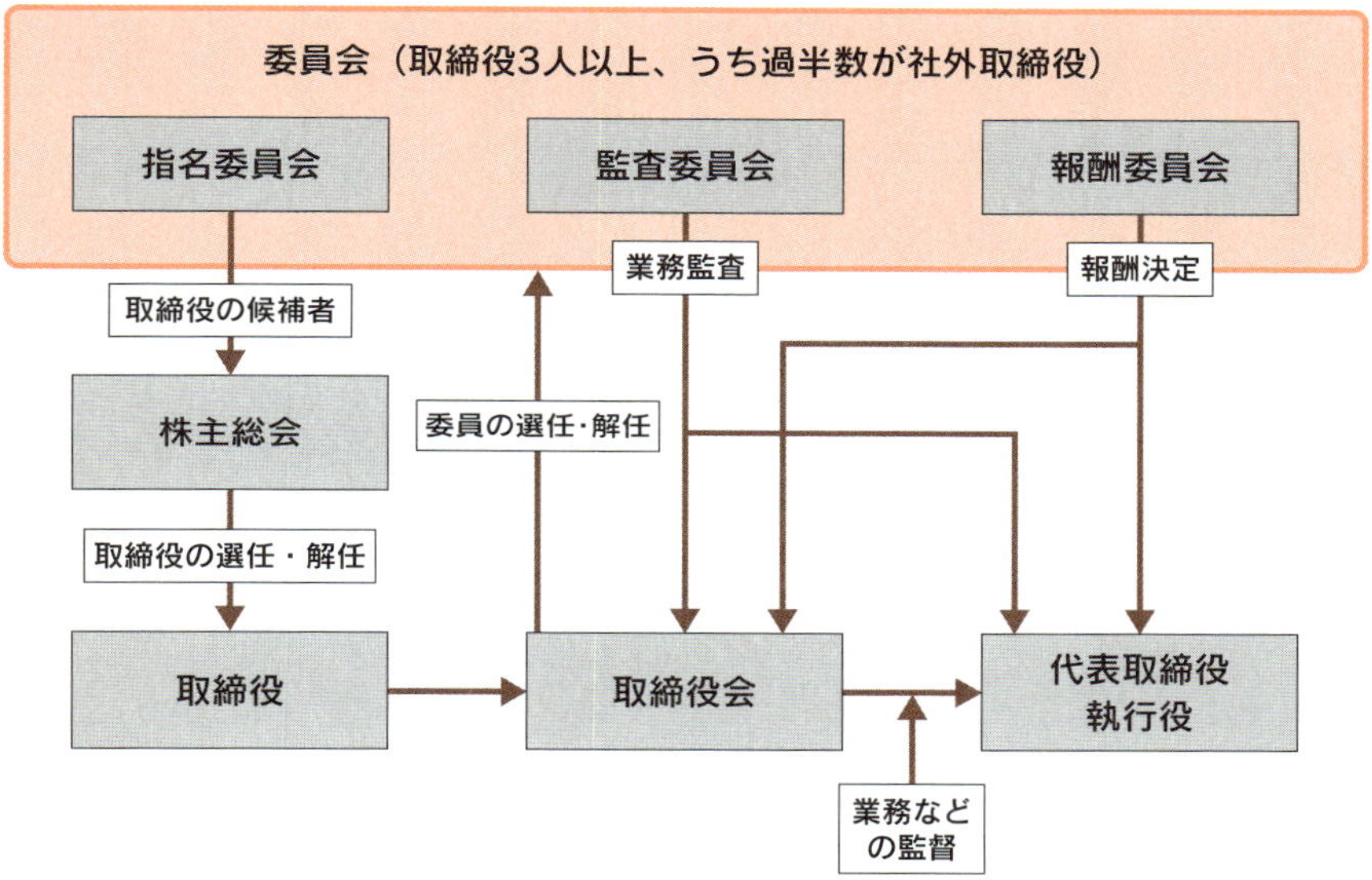

委員会とは、次のようなものです。

①指名委員会

取締役の選任や解任の案を作成し、株主総会に提出します。従来は取締役会で決められることがありましたが、委員会が決めることにより適正な取締役の人選が可能になります。

②監査委員会

取締役の業務上の意思決定を監査したり、執行役員の業務内容を監査します。これにより、業務上の意思決定とその実行をトータルに監査することができます。

③報酬委員会

執行役、取締役の報酬についての方針を示したり、個別の執行役、取締役の報酬の案を作成し株主総会に提出します。

委員会設置会社では、執行役は取締役会で任命され、業務上の重要な意思決定を行ないます。取締役会は、その決定について監査・監督する立場になります。

なお、会社法の改正で、新たに監査等委員会設置会社制度が導入されました。

06

監査役、会計参与とは？

監査役は経営内容をチェックし、会計参与は決算書類の作成に力を貸します。

●会社の経営をチェックする監査役

だれでも、自分のやったことを自分でチェックするのはむずかしいものです。そこで、会社では監査役というチェック機関を設けています。

監査役は株主総会で選出され、取締役の業務を監督したり、会社のお金の使い方や借金の額などについて適正かどうかをチェックします。つまり、株主は自分たちが選んだ経営者（取締役）がきちんと経営をしているかをチェックする役割を監査役に期待しているのです。

監査役は、会社法ができる前までは、株式会社では必ず設置しなければなりませんでしたが、現在では株式会社のうち「株式譲渡制限会社」（19ページ）については、監査役の設置は任意（設置してもしなくてもよい）となっています。

ただし、中小企業に多い株主（所有者）と社長（経営者）が同じという会社（同族会社）では、監査役も同族（奥さんや息子など）であるケースが多く、チェック機能が働かないこともあります。逆に上場会社では、監査役会まで設置するケースも多く、経営の透明性を確保しようとしています。

●決算書などの信頼性を高める会計参与

会計参与とは、取締役と一緒になって会計書類や決算書を作成する会社の機関であり、すべての会社で任意設置となっています。

最近は、大企業でも決算書を粉飾したりする事件が発生しており、決算内容の信頼性を高めることが求められています。また、中小企業でも金融機関からお金を借りる場合、決算内容を調査されますが、そのときも決算書の信頼性が重要になります。

中小企業では従来、監査役が会計監査もかねていましたが、監査役に必ずしも会計の知識があるわけではなく、会計監査の信頼性にも問題がありました。また、会計監査を監査法人などに依頼するケースがありますが、費用

Key Word **監査役会**▶3人以上の監査役（うち半数以上は社外監査役）で構成される会社の機関。大会社（資本金５億円以上の公開会社など）では必ず設置しなければならない。

監査役、会計参与の役割

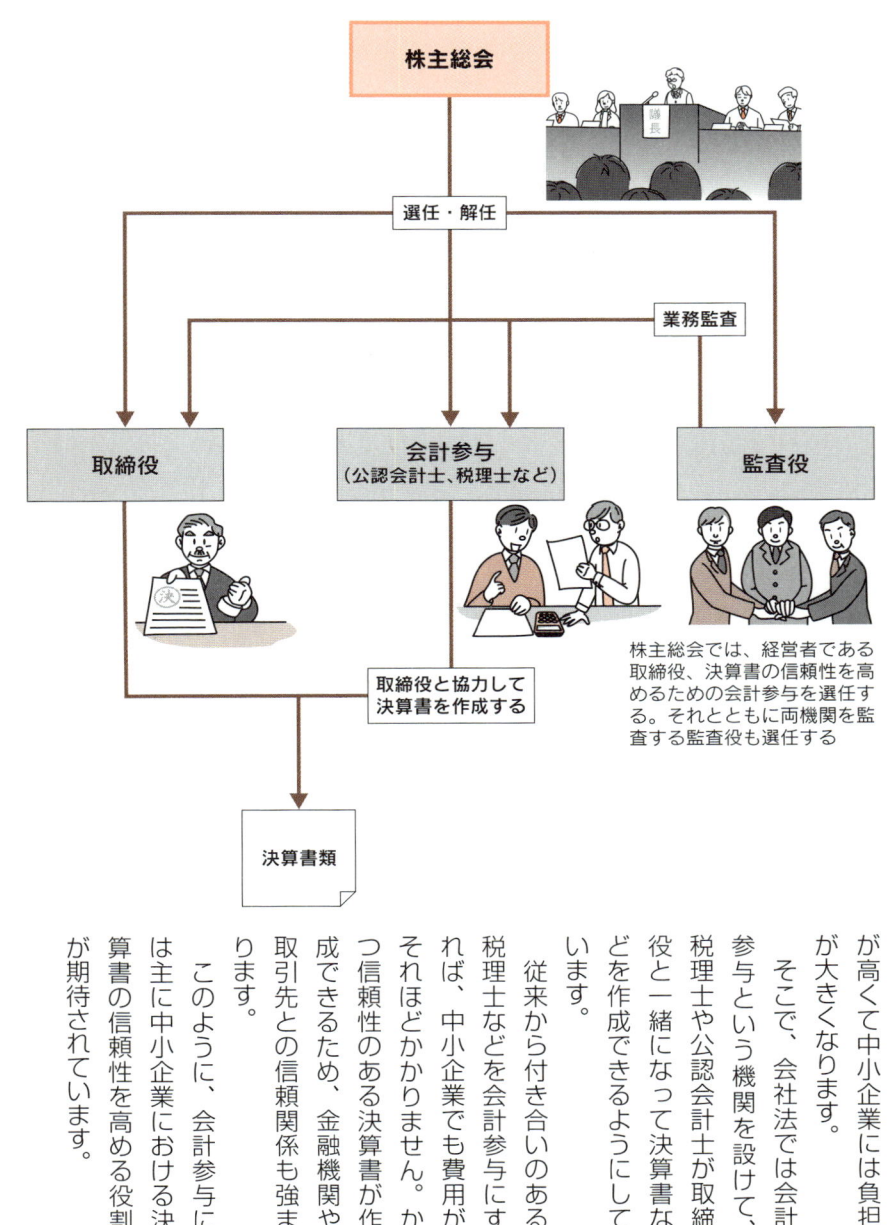

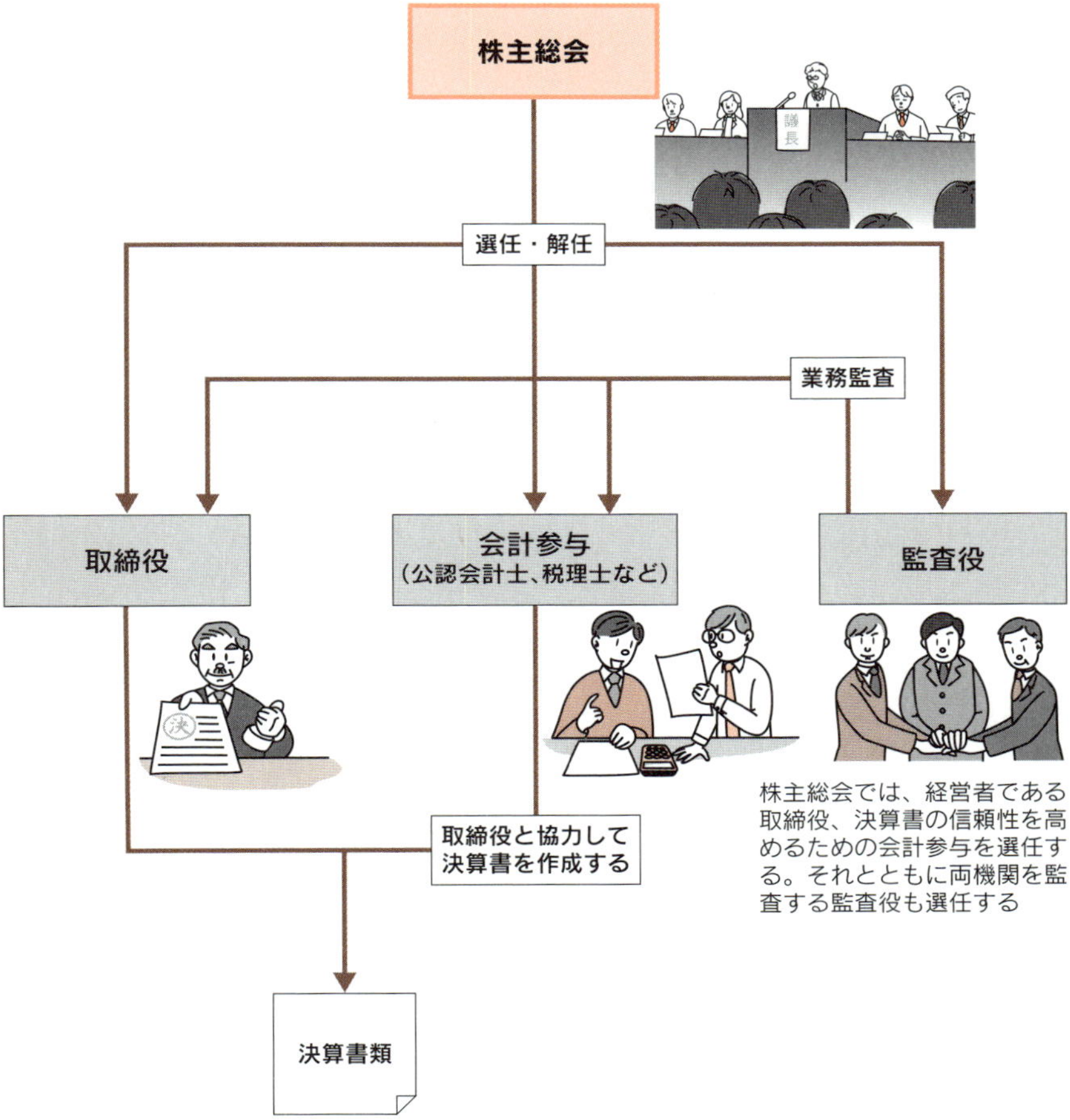

株主総会では、経営者である取締役、決算書の信頼性を高めるための会計参与を選任する。それとともに両機関を監査する監査役も選任する

が高くて中小企業には負担が大きくなります。

そこで、会社法では会計参与という機関を設けて、税理士や公認会計士が取締役と一緒になって決算書などを作成できるようにしています。

従来から付き合いのある税理士などを会計参与にすれば、中小企業でも費用がそれほどかかりません。かつ信頼性のある決算書が作成できるため、金融機関や取引先との信頼関係も強まります。

このように、会計参与には主に中小企業における決算書の信頼性を高める役割が期待されています。

07 ラインとスタッフ

会社では実行する人（ライン）と支援する人（スタッフ）が協力して仕事を行ないます。

●実行部隊である「ライン」を支援するのが「スタッフ」

集団でなにかものごとを行なう場合には、実行する人と支援する人が必要になります。

たとえばプロ野球の場合、試合でプレーするのは選手たちですが、チームにはトレーナーなどの裏方さんが欠かせません。また軍隊にも、戦場で戦う兵士のほかに、物資を補給する役目の人たちが必要です。

試合でプレーする選手や戦場で戦う兵士など**実行する部隊をライン**、トレーナーや補給係など**支援する部隊をスタッフ**と呼びます。

それでは会社の場合はどうでしょうか。

モノをつくる製造業の場合、製品開発、製造、営業などは製品の製造や販売という売上に直結する仕事をしているので、実行部隊といえるでしょう。一方、経理や総務、企画部門は直接製品をつくったり売ったりするのではなく、実行部隊を後方から支援する機能をもちます。

つまり会社では、製造や営業をライン部門、総務や経理をスタッフ部門といいます。そして、このような組織形態を「ライン&スタッフ組織」といっています。

●同じ部署にもラインとスタッフがある

経理や総務などの管理部門以外にもスタッフ職はいます。

たとえば技術系の会社では、ライン職は生産活動や販売活動を担当します。一方で、特定の技術に精通しているエンジニアや職人がいて、生産活動や販売活動を側面からサポートしています。かれらは、まさにスタッフ職といえます。

製造業では機械の整備（修理や点検、調整など）をする専門職の従業員がいる会社もあります。この従業員は製造作業には加わりませんが、常に機械がうまく動くように調整作業をしています。これもスタッフ職といっていいでしょう。

Key Word

プロフィット部門とノンプロフィット部門▶製造や営業など直接、利益を生み出すラインのことをプロフィット部門、総務や経理など利益を生み出さないスタッフをノンプロフィット部門という場合もある。

また営業部門では、営業補佐という仕事があります。通常、営業担当者は得意先回りなどで会社にいないことが多いのですが、社内にいて事務処理を担当するのが営業補佐です。

つまり営業部門には、得意先を訪問するライン職の担当者と、それを補佐するスタッフ職がいることになります。

■ライン&スタッフ組織

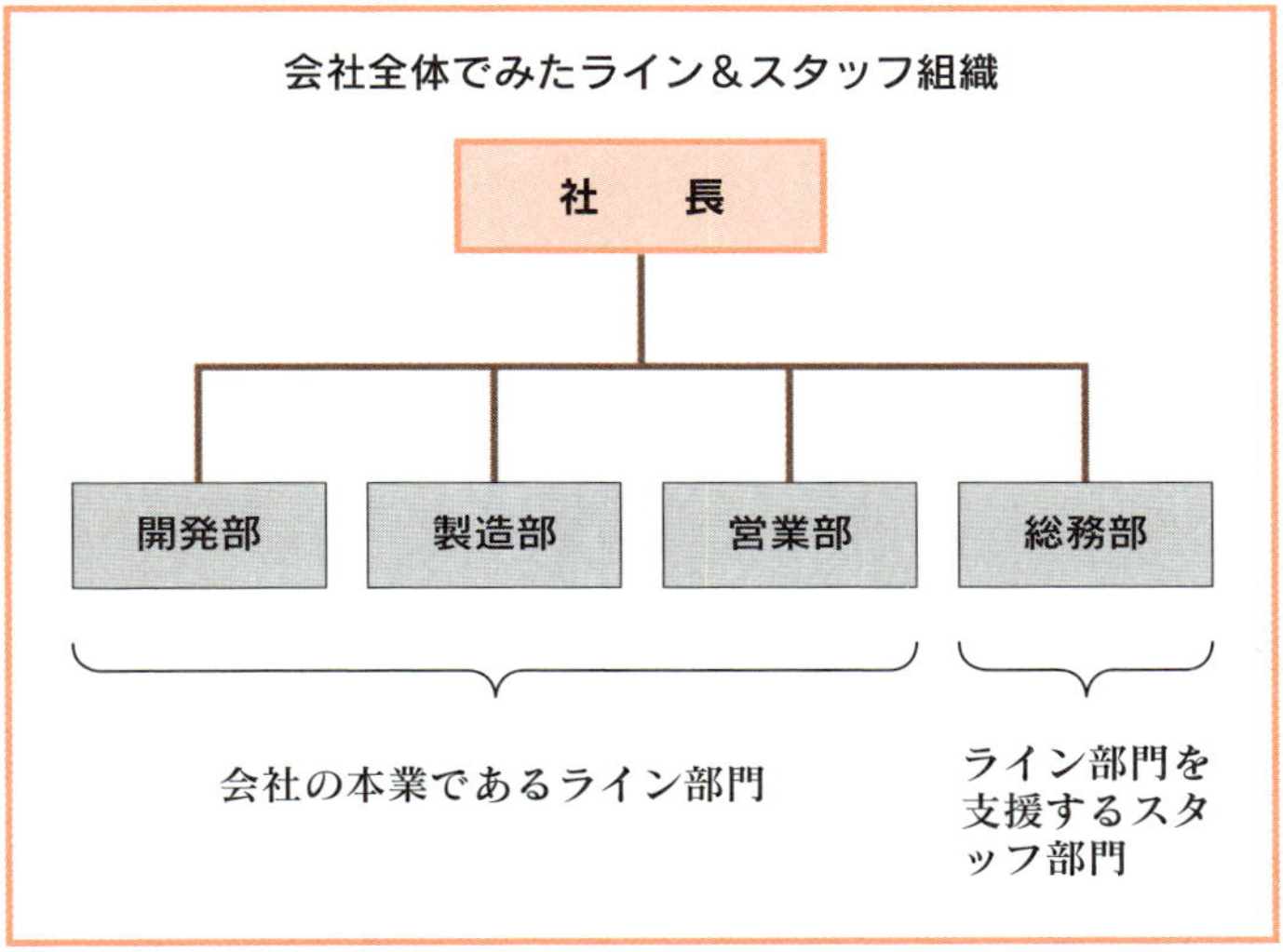

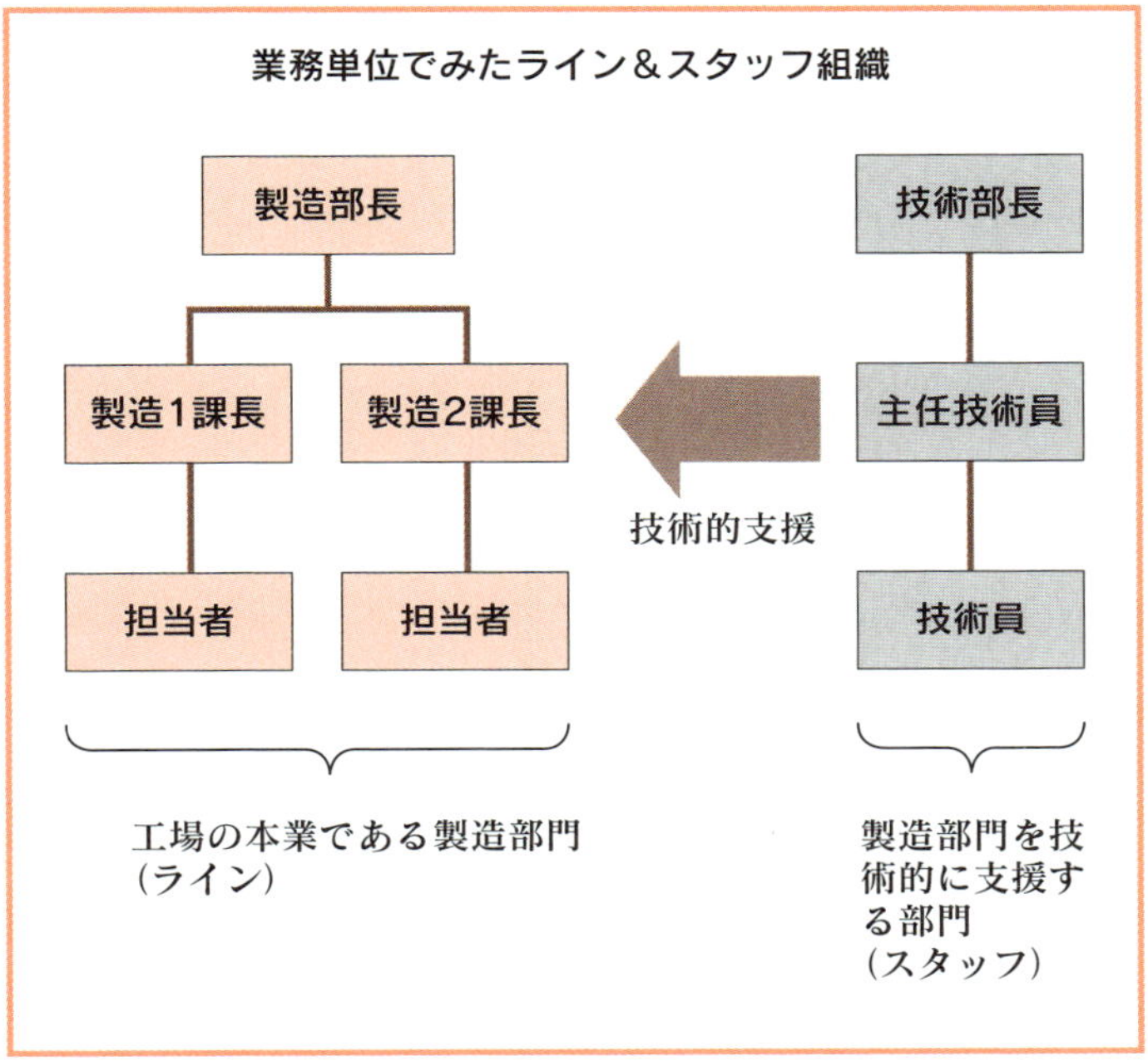

※ライン組織とは直接売上を上げる業務（製造、営業など）であり、スタッフ組織はライン組織を支援する組織である

08

機能別組織とは?

業務を効率的に行なうため、多くの会社で取り入れられている一般的な組織形態です。

46ページで、長篠の合戦で織田信長が防護陣を築き武田軍を破った話をしました。たとえば防護陣をつくるために３００人を集めたとします。この３００人が自分勝手にバラバラで作業をしたのでは、いつまでたっても防護陣は完成しないでしょう。

では、どうすればいいでしょうか。

まず「材木を切るチーム」「材木を運ぶチーム」「材木で防護陣をつくるチーム」に分けます。さらに、各チームにはリーダーを置き、そのリーダーがチームをまとめて作業をします。これならうまくいきそうです。

このように、組織として「ある目的を達成する」ためには、具体的な作業ごとにいくつかのチームに分けて取り組むほうが効率的といえるでしょう。

それでは、会社の場合はどうでしょうか。

たとえばテレビを開発・製造し販売する会社で考えてみると、次のような組織（チーム）が必要になってくるでしょう。

①テレビを開発する組織

新しいテレビを開発するためには、競合製品の状況や市場のニーズを調べ「どのようなテレビをつくればいいか」を検討し、製品企画をつくります。そして、自社の技術を使って企画どおりのテレビを開発します。

通常、企画部や開発部という組織が行ないます。

②テレビを製造する組織

企画されたテレビを製造するために、部品の購入、製造、検査などを行ないます。通常は、生産管理部や生産部という組織が行ないます。

③テレビを売る組織

つくられたテレビを売るために広告を出したり、小売店などに営業活動を行ないます。通常は、広告宣伝部や営業部などが行ないます。

④間接的な仕事を行なう組織

会社では、それぞれの組織で働く人たちに給料を払ったり、購入した部品の代金を払ったり、また売上を集計

Key Word

直接部門と間接部門▶プロフィット部門とも呼ばれるラインは直接、利益を生み出すため直接部門、ノンプロフィット部門とも呼ばれるスタッフは間接部門とも呼ばれる。

■機能別組織の例

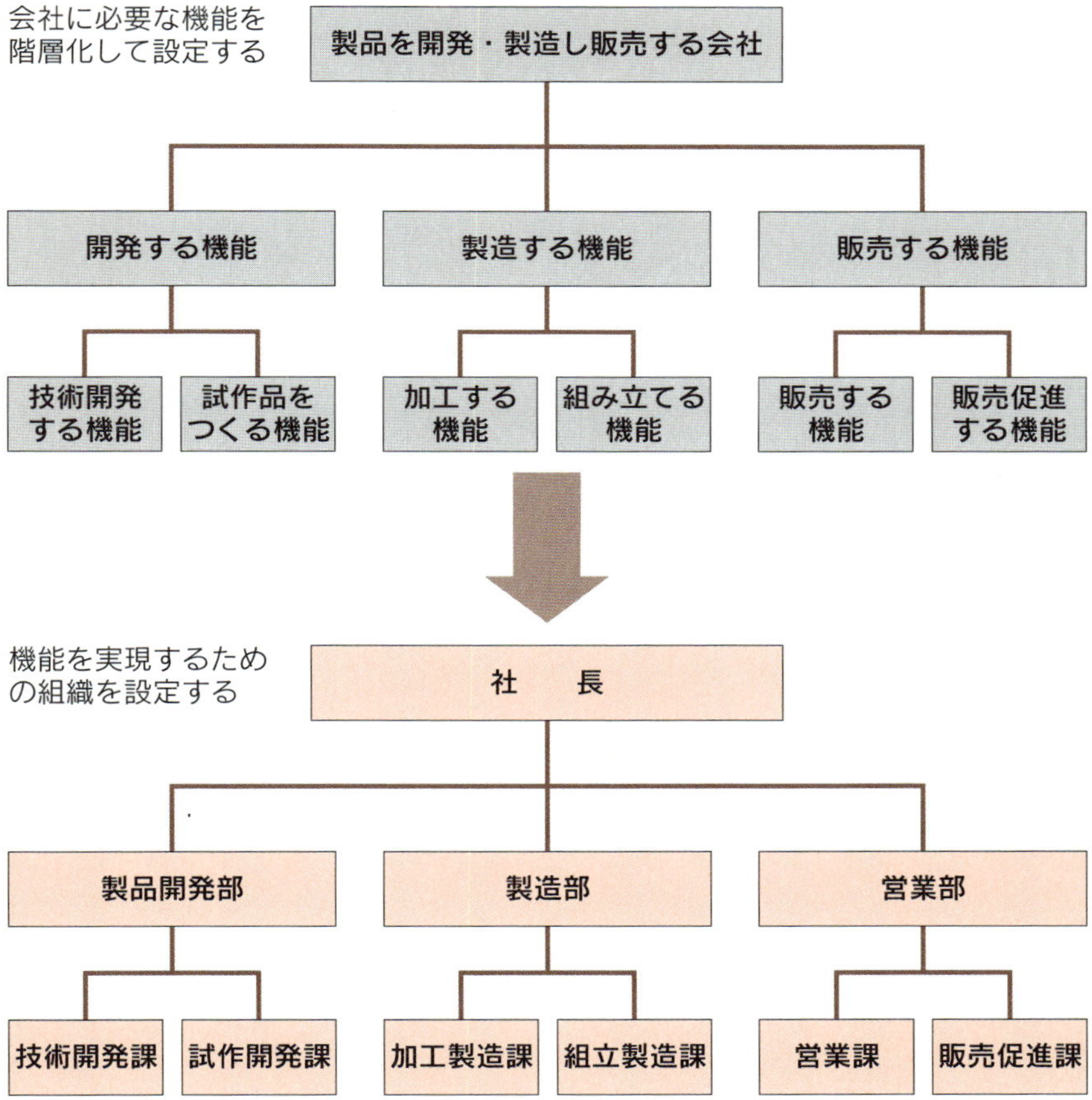

して税金を払ったりする仕事もあります。これらの仕事は、直接テレビをつくったり売ったりするのではありませんから**間接部門**と呼ばれます。

通常は、購買部、総務部、経理部などが行ないます。

ここで紹介した組織は、企画、開発、製造、営業、経理、総務など、それぞれの仕事ごとに分けられています。別の言い方をすると、企画する、開発する、製造するなど機能に対応した組織です。

このように、機能別に分けられた組織を**機能別組織（ファンクショナル組織）**といい、会社組織としては一般的な形です。

09 事業部制とは？

製品別や地域別に「事業部」をつくる制度ですが、近年は導入する会社が減っています。

●経営の多角化などに対応するための制度

あなたと友人が同じ会社に入り、あなたは第1営業部に、友人は第2営業部に配属されたとします。第1営業部は社内でもトップの成績ですが、第2営業部はあまり成績がよくありません。しかし、あなたと友人の給料は同じです。

あなたは、自分の部のほうが売上がいいので友人より給料が多くていいのではないかと思うかもしれません。しかし、通常の会社組織では売上は会社全体で稼いでいるという考え方ですので、あなたと友人の給料に大きな差はつきません。

このような組織のあり方を大きく変えたのが**事業部制**です。会社の規模が大きくなり、取り扱う製品の種類が多く、また経営の多角化で事業分野が幅広くなってくると、全社を統括することがむずかしくなってきます。

そこで、事業別、製品別、地域別などに事業部をつくり、事業部ごとに**独立採算制**をとる事業部制が生まれました。独立採算制とは、事業部ごとに売上や利益を計算し、利益が出ていれば事業部として給料を上げたりボーナスを払ったりするシステムです。

●事業部制のメリットとデメリット

事業部制では独立採算制をとるため、所属する従業員のモチベーションが高まり、製品開発やコスト削減への意識が高まります。さらに、売上・利益管理も全社一括ではないため、自分たちの活動結果が目にみえやすくなります。

そのため、従業員にも経営感覚が身につきやすくなり、環境の変化に対応した素早い戦略の立案と実行が可能です。また、他の事業部が赤字でも、自分の事業部が儲かっていれば、従業員の給料を上げたりボーナスを多く出すこともできます。

一方で、各事業部がそれぞれ総務や経理などのスタッフ部門までを抱えることになります（事業部の数だけ経

カンパニー制▶事業部制をさらに進めたのがカンパニー制。事業部を１つの会社のように独立させるため、本社機能を長期的な経営戦略などに集中できる。一方、カンパニーどうしが競合するというデメリットもある。

■事業部制のメリットとデメリット

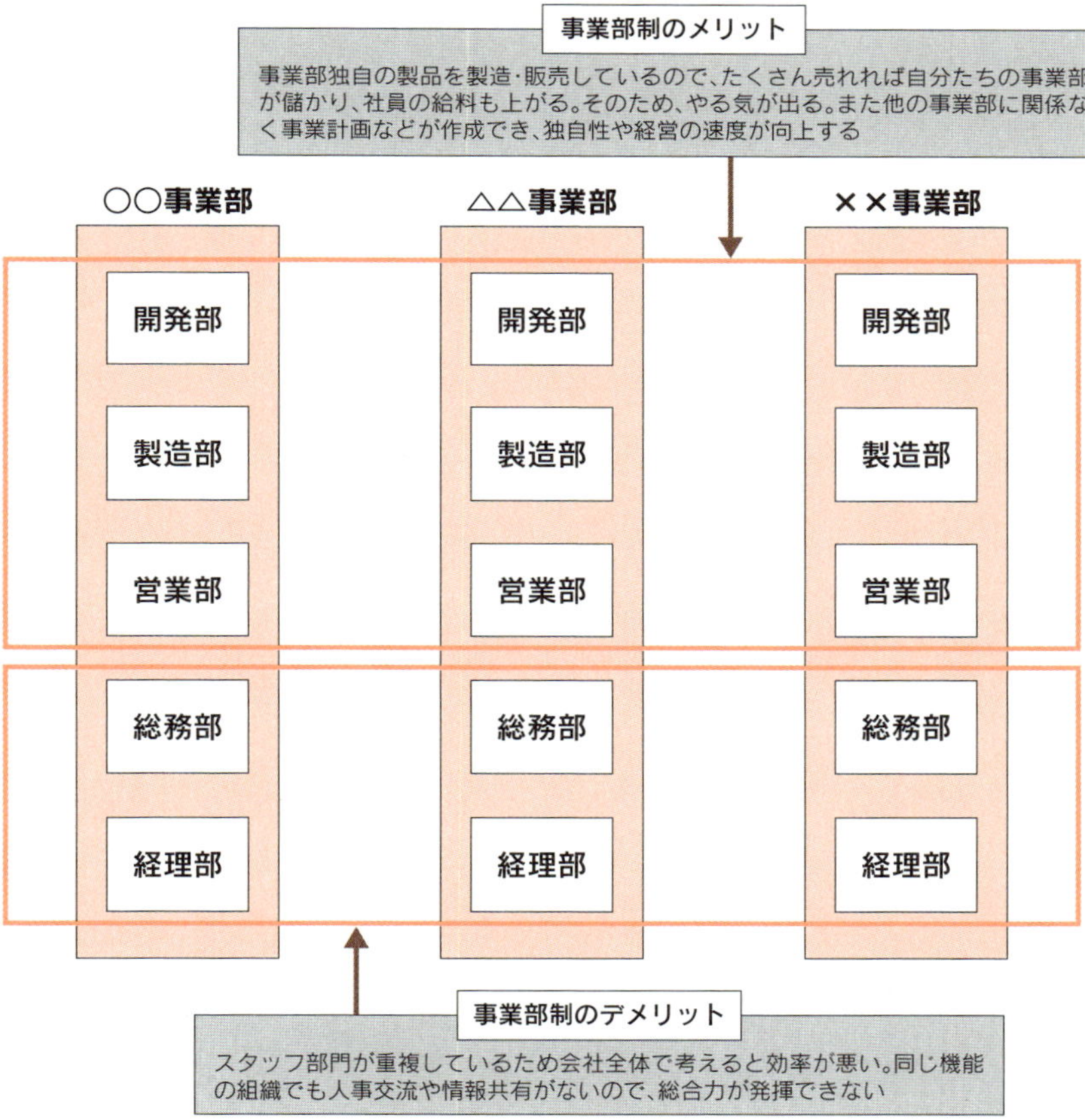
事業部制のメリット
事業部独自の製品を製造・販売しているので、たくさん売れれば自分たちの事業部が儲かり、社員の給料も上がる。そのため、やる気が出る。また他の事業部に関係なく事業計画などが作成でき、独自性や経営の速度が向上する
○○事業部
△△事業部
××事業部
開発部
製造部
営業部
総務部
経理部
事業部制のデメリット
スタッフ部門が重複しているため会社全体で考えると効率が悪い。同じ機能の組織でも人事交流や情報共有がないので、総合力が発揮できない

理・総務部も必要）。直接利益を生み出さない部署を重複して抱えるのは非効率だともいえます。

また、事業部間で競争意識が強くなるのはいい面もありますが、逆に会社としての総合力が発揮できません。会社全体の利益より自分の事業部の利益を優先してしまうこともあります。たとえば、別の事業部に有利な情報をつかんでも、その情報を渡さないといった弊害です。

さらに、事業部間の人事交流が少なくなり、従業員にいろいろな経験を積ませることも困難になります。

このように、事業部制ではメリットよりデメリットが目立ち、最近では事業部制を導入する会社は減少してきています。

10 まだある会社内の組織づくりのやり方

プロジェクト組織や社内ベンチャーなど、いろいろな組織づくりの方法があります。

●プロジェクト組織

あなたは営業部に配属されて数年が立ちました。あるとき、会社が新製品を開発するために3年間プロジェクトを立ち上げるので、あなたにもプロジェクトに参加してほしいという依頼がありました。あなたは、いまの営業の仕事から、お客様の要望を製品に反映させる仕事に変わりました――。

多くの会社では機能別組織（72ページ）を採用していますが、このように、**ある特定の目的を達成するために期間を決めて立ち上げる組織**がプロジェクト組織です。

プロジェクト組織は、必ず目的と期間決まっていて、プロジェクト・リーダー、プロジェクト・メンバーがいます。大きなプロジェクトでは、メンバーは何十人にもなります。

プロジェクト組織は、機能別組織（部署）の枠を超えた、横断的な組織づくりといえるでしょう。

●社内ベンチャー

あなたはプロジェクトに参加していうちに、従来の製品のおもしろい使い方を思いつきました。しかし、これを実現するためには製品を改良しないといけません。プロジェクトの上司に相談したら、「その改良は開発費がかかるからムリだね」といわれました。

ちょうどそのとき、会社では社内ベンチャー制度を実施しており、応募者を募っていました。同制度に応募し認められると、会社のなかで独立した組織（ベンチャー企業）をつくって自分がやりたい仕事ができるのです。

あなたは応募したビジネスプランが認められ、製品改良に必要なお金は会社が資本金という形で出資してくれました。明日からは社長という立場で製品改良や販売活動を行なっていくことになりました。

改良した製品が売れて利益が出れば、給料がたくさんもらえます。反対に売れなかったら給料が減ることもあります――。

Key Word

社内起業家▶社内ベンチャー制度を担うのが社内起業家。社内ベンチャーは資金面などで支援を受けられるため、起業家精神の旺盛な人も完全に独立するのではなく、社内ベンチャーを活用するケースが増えている。

■各組織の特徴

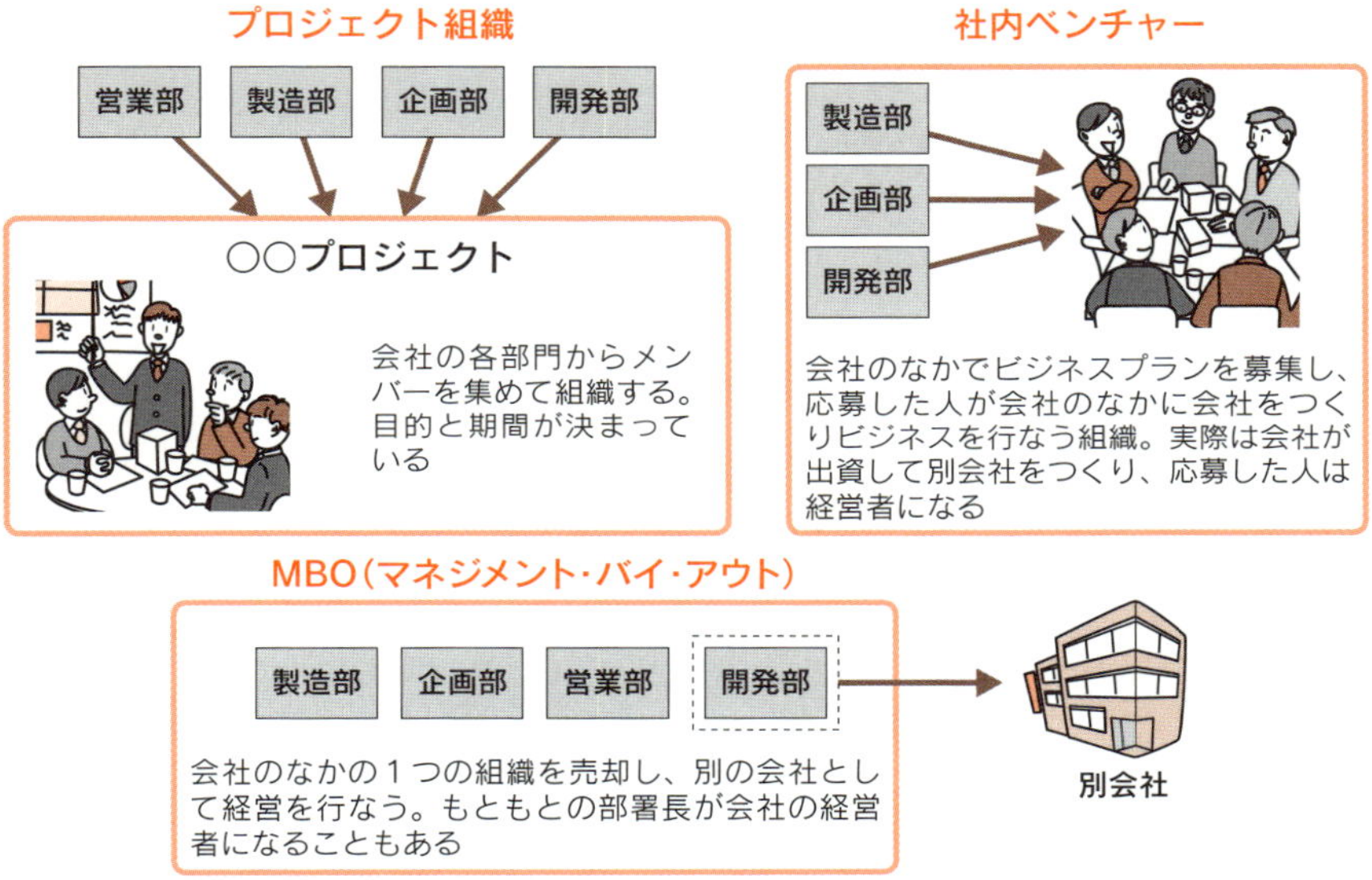
プロジェクト組織
営業部
製造部
企画部
開発部
○○プロジェクト
会社の各部門からメンバーを集めて組織する。目的と期間が決まっている
社内ベンチャー
製造部
企画部
開発部
会社のなかでビジネスプランを募集し、応募した人が会社のなかに会社をつくりビジネスを行なう組織。実際は会社が出資して別会社をつくり、応募した人は経営者になる
MBO（マネジメント・バイ・アウト）
製造部
企画部
営業部
開発部
会社のなかの１つの組織を売却し、別の会社として経営を行なう。もともとの部署長が会社の経営者になることもある
別会社

このように、社内からビジネスプランを募集し、優秀なプランには**会社が出資して別会社をつくり（会社が株主になるケースが多い）、新しいビジネスに挑戦**させようというのが社内ベンチャーです。

●MBO（マネジメント・バイ・アウト）

会社のなかで赤字続きの部門があります。会社としてはこのまま放っておくわけにはいきません。

たまたま、この部署の責任者が定年退職を迎えるので、退職金を使ってこの部署を買い取りたいと申し出ました。自分が経営者になって一からこの部門を立て直すつもりです。会社としては、友好的な関係にある退職者に部門ごと買収してもらい、その後も取引ができればメリットがあるので、この責任者に売却することにしました――。

このように、**会社のある部門を売却し、別会社として経営をまかせるやり方**がMBOです。

会社としては、負担になっている部門などを売却し、本来の業務に専念することができます。買収した人は、組織が小さくなり意思決定もやりやすくなるため、落ち込んでいた売上を回復できる可能性があります。

11 企業グループと持ち株会社

グループ企業の株をもち、グループ運営だけを行なう純粋持ち株会社が増えています。

●増えてきた持ち株会社

55ページで株式持合いの話をしましたが、たとえば銀行が自動車会社の株をもち、その逆に自動車会社が銀行の株をもつ――これは従来から行なわれてきた株式持合いであり、これを「事業持ち株会社」といいます。

目的は、株式の持合いによるお互いの会社の安定経営化で、自動車会社が銀行業務に参入するわけではありません。

一方、最近では○○ホールディングスとか、△△グループという会社名をよく聞くようになりました。これは、グループ会社の株をもち、グループ全体の運営を行なう会社です。

このような形態を「純粋持ち株会社」といい、この会社が自動車を生産したり販売したりするのではなく、生産や販売を行なうグループ会社の株をもって**グループ全体を支配**するのです。純粋持ち株会社は、もっている株の配当で収入を得ています。

●事業の再編などがスムーズにできる

戦前の日本では三菱系や住友系などの財閥が経済を支配していましたが、戦後は自由競争を促進するために、財閥に通じる純粋持ち株会社は禁止されていました。しかし、これからの国際競争を勝ち抜くためにはグループ経営という手法も必要だという声が多く、１９９７年に解禁されました。

それでは、純粋持ち株会社には、どのようなメリットがあるのでしょうか。たとえば、携帯電話と携帯電話用のソフトウェアをつくっている会社の株をもつ純粋持ち株会社があるとします。

携帯電話の技術進歩は早く、うっかりしていると新技術についていけません。かりに、この携帯電話をつくっている会社が技術開発で遅れをとったとします。その場合、技術革新に成功している会社と合併すれば技術の遅れが取り戻せます。また、逆に携帯電話の製造会社を売却してソフトウェア開発だけに集中してもいいでしょ

Key Word

企業グループ▶連結決算の対象となる企業の集まり。100%子会社や子会社の100%子会社も含まれる。なお、資本関係がなくても協力関係をもつ複数の会社の集まりを企業グループと呼ぶこともある。

う。

いずれにしても、純粋持ち株会社では、このような事業再編を簡単に行なうことができるため、経営環境の変化などにも迅速かつスムーズに対応できるのです。

■主な持ち株会社

金融系	三菱UFJフィナンシャル・グループ	2005年10月に、三菱東京フィナンシャル・グループがUFJホールディングスを吸収合併し誕生した。総資産は国内トップ
	みずほフィナンシャルグループ	2000年に、第一勧業銀行、富士銀行、日本興業銀行およびその関連企業が合併・再編し設立された
	三井住友フィナンシャルグループ	三井住友銀行、三井住友カード、三井住友銀リース、日本総合研究所、SMBCフレンド証券を傘下に置く金融持ち株会社。略称はSMFG
食品系	サッポロホールディングス	2003年7月にサッポロビールから商号変更。サッポロビール、サッポロワイン、サッポロ飲料、サッポロライオン、恵比寿ガーデンプレイスを傘下に置く
	日清製粉グループ本社	2001年7月に、自社の事業部門を会社分割により子会社化して持ち株会社となる。同時に社名を日清製粉株式会社から株式会社日清製粉グループ本社に変更
	コカ・コーラボトラーズジャパン	2017年4月に誕生予定の日本コカ・コーラの持ち株会社。コカ・コーライーストジャパンとコカ・コーラウェストが経営統合し、コカ・コーラウェストが存続会社になる予定。
化学系	旭化成	旭化成グループの持ち株会社であり、旭化成せんい、旭化成ケミカルズ、旭化成ライフ&リビング、旭化成建材、旭化成ホームズ、旭化成エレクトロニクス、旭化成ファーマなどを傘下に置く
	キョーリン製薬ホールディングス	2006年3月、株式交換によって医薬メーカー杏林製薬を核としたキョーリングループの持ち株会社として誕生。主な傘下企業に、杏林製薬、キョーリンリメディオ、ドクタープログラム、キョーリンメディカルサプライなど
石油系	富士石油	2003年に、アラビア石油と富士石油の合併によって発足した持ち株会社。アラビア石油、富士石油販売、富士タンカーなどを傘下に置く。2013年、富士石油を吸収合併し、現在の商号に改称。
	新日鉱ホールディングス	ジャパンエナジー、日鉱金属が中心となる新日鉱グループの持ち株会社。ジャパンエナジー、日鉱金属、日鉱マテリアルズ、日鉱金属加工、am/pmジャパンなどを傘下に置く
新聞・出版・広告系	読売新聞グループ本社	読売新聞社グループの持ち株会社。読売新聞東京本社、読売新聞大阪本社、読売新聞西部本社、中央公論新社、読売巨人軍などを傘下に置く
	角川グループホールディングス	角川グループの持ち株会社。角川グループパブリッシング、角川書店、富士見書房、角川映画などを傘下に置く
情報・通信系	日本電信電話	通信事業最大手の持ち株会社。東日本電信電話(NTT東日本)、西日本電信電話(NTT西日本)、NTTコミュニケーションズ、NTTドコモグループ、NTTデータ、NTTコムウェアなどを傘下に置く
	ソフトバンク	携帯電話等の電気通信事業者、インターネットや出版関連企業などの持ち株会社。BBテクノロジー、ソフトバンクBB、福岡ソフトバンクホークスなどを傘下に置く
小売・外食系	セブン&アイ・ホールディングス	2005年9月に発足した、イトーヨーカ堂・セブン-イレブン・ジャパンを中心とする国内最大手流通持ち株会社。イトーヨーカ堂、セブン-イレブン・ジャパン、デニーズジャパン、ヨークベニマルなどを傘下に置く
	日本マクドナルドホールディングス	日本マクドナルドが、2002年7月に経営の多角化を目的として持ち株会社を設立。日本マクドナルド、エブリデイ・マックなどを傘下に置く

海外から入ってきた経営改革の手法

日本でも現在、「リストラクチャリング」「リエンジニアリング」「ダウンサイジング」などの経営改革手法を使い、会社をよくしようという試みが盛んに行なわれています。ただし、こうした手法や考え方は日本で生まれたものではなく、アメリカなど海外から入ってきたものです。

リストラクチャリング（いわゆるリストラ）は、不況などで会社の経営が危なくなってきたときに、不採算部門を切り離す、支店や店舗を統合する、あまり利用していない土地などを売って借金を返済する……など経営自体をスリム化して、会社を立て直そうとする方法です。不採算部門を切り離したり店舗を統合したりすれば当然、それに伴って人員の削減も必要になります。しかし、日本では法律の規制などがあり、人員削減を伴うリストラは簡単にはできないのが実情です。

ダウンサイジングは、企業全体の規模を小さくしてコスト削減などを図るもので、これも日本では実施がむずかしいものですが、アメリカでは普通に行なわれます。リエンジニアリングは、成長している部門に人や設備、お金など集中させる、新しいビジネスモデルをつくるといった前向きな改革です。

ただし、日本の会社には年功序列や終身雇用といった日本的経営の伝統が残っていて、こうした海外から入ってくる新しい経営改革手法に、なかなか取り組めないという会社が多いのも現実です。

ちなみに、日産はカルロス・ゴーン氏の主導で急激な業績回復を実現しましたが、このゴーン改革ではかなりのリストラを行ないました。もし、同じような改革を日本人の経営者がやろうとすると、社内の反発が強くて失敗しただろうといわれています。

これから日本の会社がドラスチックな改革を行なおうとする場合は、海外から経営者を呼んだほうがいいかもしれませんね。

第4章

会社のなかの仕事にはどんなものがあるか

01

会社のなかの基本的な仕事

企画、開発から製造、販売、総務・経理などまで、さまざまな仕事があります。

会社はモノをつくったり売ったりして利益を上げます。しかし、実際にモノをつくる、売るといった仕事以外にも、会社のなかには欠かせない仕事がたくさんあります。

ここでは、どのような仕事があるのか、製造業を例に大まかにみておきましょう。

①経営企画の仕事

会社の経営戦略を立てたり、戦略にもとづいた経営計画づくりなどを行ないます。数年先に違う分野の製品を販売するという戦略をつくれば、それにあわせて人員の採用計画や設備計画なども立てます。

②製品の企画開発の仕事

消費者にアンケートをしたりモニターに意見を聞くなどして製品企画をつくります。それをもとに製品を試作し、生産方法などを検討します。

③広告宣伝の仕事

製品開発が終われば、その製品を宣伝しないといけません。テレビＣＭを流す、新聞広告を打つなど、さまざまな手法を組み合わせたプロモーション戦略づくりが大切です。

④営業の仕事

広告宣伝とともに、小売店や卸などに製品を売り込む必要があります。大きな会社だと地域（都道府県など）ごとに拠点があり、そこから全国の得意先へ販売活動を展開します。

⑤生産の仕事

品質やコスト面などに気を配りながら製品をつくります。つくりすぎたり品切れになったりしないよう、きちんと生産計画を立てることも欠かせません。

⑥購買の仕事

生産部門の生産計画にもとづいて、必要な材料や部品などを、必要な日までに購買して準備します。

⑦品質管理の仕事

製造業の場合、不良品を出すと会社の信用がなくなり

Key Word

業種▶会社が行なう事業を分類したもの。大きくは「製造業」「小売業」「建設業」などの分類があるが、さらに製造業は「食料品」「繊維」「医薬品」など扱う製品によって細かく分類される。

■いろいろな会社のなかの仕事

経営企画の仕事

会社の頭脳というべき仕事！

製品企画の仕事

新製品開発は、会社の生命線です！

広告宣伝の仕事

製品を広く知ってもらうための重要な仕事です！

営業の仕事

大変な仕事ですが、やりがいがあります！

生産の仕事

製品がなければ売上になりません。生産は会社の重要な仕事です！

購買の仕事

縁の下の力持ち的な仕事ですが非常に重要な仕事です！

業務の仕事

会社の顔といってもいいでしょう！

総務・経理の仕事

社員や会社を支える重要な仕事です！

ます。不良品がでないように、さまざまな対策を行ないます。

⑧業務の仕事

お客様から注文を受けて見積書をつくったり、製品を出荷したり、請求書を送ったりする仕事です。

⑨総務・経理の仕事

総務では、文書の管理や保険関連の事務手続きなど、社内の管理業務を行ないます。大きい会社では人事、法務などが別になっている場合もあります。

経理では、会社の売上や支払いの管理、決算書の作成など、お金にかかわる仕事をします。

02 トップ（経営者）の仕事

経営方針や経営戦略、経営計画をつくり、その実行を指示・管理します。

●会社全体の方針を決めるのが仕事

たとえば、あなたは自動車を生産・販売する会社を経営しているとします。株主から来年はどのような経営をするのか質問されました。あなたは経営者として「来年は海外で、ファミリーが気軽に乗れる低価格の自動車を販売したいと思います」と答えました——。

これは会社の重要な方針です。あなたの方針にもとづいて、あなたの会社では海外向けの自動車が開発され、生産され、販売されていきます。

もちろん、販売するためには海外でも自動車の広告宣伝などを行なう必要があります。しかし、広告宣伝は経営者の仕事ではなく、宣伝部の仕事です。

このように、会社の仕事は、**経営者が全体の方針をつくり**、それぞれの業務を担当する部署は方針にもとづいた仕事を行なうという階層構造になっています。

経営者など階層構造の上の人が担当するのは非定型的な仕事（状況に応じて仕事をする）であり、下の階層にいくにつれて定型的な仕事（手順が決まっている仕事）を行なうようになります。

●トップの仕事は手順が決まっていない

経営者は、会社の階層構造の最も上に位置します。つまり、会社のいろいろな状況に応じて、そのつど最善の意思決定をしなければなりません。

コンビニエンスストアの例で考えてみましょう。

コンビニの店員さんは、お客様がレジに来たら「ポイントカードはおもちですか？」と聞いて、カードがあればポイントを加算します。そしてバーコードで商品の価格を読み取り、代金を受け取っておつりを渡します。これは、決められた手順にしたがって行なう定型的な仕事です。

一方、店長さん（経営者）は、常にお店全体のことを考えています。近くに競合のコンビニが出店すると聞くと、それに対抗するため新しい商品を仕入れるなどの対

Key Word

トップの責任▶経営トップ（代表取締役）は、株主や取引先、従業員などに損害を与えないよう適正に経営を行なう責任がある。もし経営がうまくいかない場合は、その原因や対策を説明し、実行していかなければならない。

策を考えます。来週の日曜日に近くで運動会があると聞くと、その日は弁当を多めに発注します。

このような仕事は、あらかじめ手順が決まっているわけではなく、状況に応じて判断しなければならない経営トップならではの非定型な仕事です。

■経営者のいろいろな仕事

会社の方針決定
議長
競合他社や社会環境、法規制などを考慮して、会社の方針を決め、株主総会などで発表する
工場の新設などの決定
売上が好調なので、増産のために、海外に工場の新設を決定する
決
会社の経営者
製品開発の決定
競合他社の製品に対抗するため、新製品を開発し販売することを決める
業務提携などの決定
販売会社と業務提携を行ない、販売する機会を増やすことを決める

03

管理職の仕事

最も重要な仕事は、業務が計画どおりに進んでいるかチェックすることです。

●管理とは?

管理職という言葉はよく聞きます。それでは「管理」とはなんでしょうか?

　管理とは「P（計画＝Plan）→D（実行＝Do）→C（チェック＝Check）→A（改善活動＝Action）」のサイクルによってものごとを進めていく活動です。ちょっとわかりにくいので、小さな子供がいる家庭で考えてみましょう。

　お母さんは子供に「おもちゃは使ったら、ここの箱に入れるのよ」といいました（これは計画です）。そして子供が遊んでいるのをみています（これは実行とチェックです）。子供がちゃんと箱におもちゃをかたづければいいのですが、もしかたづけないと「ちゃんと箱にかたづけなさい」と注意します（これが改善活動です）。

　このように、まず計画をつくり、それを実行し、うまくいっているかチェックし、うまくいってない場合は計画どおりになるよう改善活動を行なうことです。

　管理職は、自分の部署の業務について、このような**管理活動を行なうのが仕事**です。もちろん、そのためには部下を管理する必要がありますし、部下を仕事ができるように育てることも大切になってきます。

●計画どおりに進んでいるかをチェックする

　それでは、管理職の仕事とは、具体的にどのようなものでしょうか。

　たとえば、営業部の部長さんは今月1000万円を販売するという販売計画をつくり、具体的な営業活動を部下の担当者に指示したとします。

　2週間後に、部下に現在の売上状況を確認しました。500万円程度売れていれば、あと2週間で残り500万円は売れるとすると当初の1000万円という計画は達成できそうです。しかし、2週間の時点で100万円しか売れておらず、売上不振の原因が競合店の出現だとわかりました。この場合、早急な売上対策が

Key Word

中間管理職▶直属の上司がいて、その上司の指揮命令下にいる管理職をさす。いわゆる課長や係長などのことであり、上司と部下のあいだに位置しているためこう呼ばれる。

■管理職の仕事とは

●管理活動

●課長 (管理職) の仕事の例

管理職	仕事概要
営業課長	今月の販売目標（計画）をつくり、担当者に販売を指示する（実行）。月の途中で売上を調べ（チェック）、目標に届きそうもない場合、担当者に改善策を指示する（アクション）
製造課長	今月どのような製品をいくつ製造するか決め（計画）、工場現場に指示する（実行）。もし機械の故障や作業員の欠勤などで予定どおり製造できないときは（チェック）、外注工場に製造を依頼する（アクション）
製品開発課長	競合他社の製品に対抗するするため新製品の企画をつくる（計画）。開発をはじめ（実行）、企画どおりの機能が実現できるかどうか確認する（チェック）。できない場合は新たなに技術開発を進める（アクション）
購買課長	生産のために必要な材料や部品の発注書をつくり（計画）、仕入業者に発注する(実行)。納期どおり納品されるか確認する(チェック)。納期に遅れる場合は、別の部品などを手配する（アクション）

必要になります。

今度は、生産部長さんの例で考えましょう。

今月は製品を100個つくるという生産計画を立てました。2週間後に生産個数を確認すると、まだ20個しか完成していません。

その原因を調べると、購入している部品に不良品が多く、そのため自社の工場でも不良が多く出ており、計画どおりに完成品がつくられていないことがわかりました。この場合、部品の購入先を変えるなどの改善策を指示しなければなりません。

このように管理職は、計画どおりに仕事が進むよう常にチェックし、問題があれば改善活動を指示することが仕事なのです。

04

総務の仕事

直接利益を生む仕事は行ないませんが、会社にとってなくてはならない部門です。

●会社の縁の下の力持ち

筆者も25年くらい前に新入社員として会社に入りました。このとき、最初に話をしたのが総務部の方でした。面接の段取りから、入社後の社員寮の手配などでお世話になった記憶があります。

総務の仕事は、生産や販売に直接関係するものではなく、主に会社で働く人のお世話や、会社の経営がうまくいくようにすることといってもいいでしょう。また、従業員の社会保険への加入手続きなど、さまざまな事務手続きも総務の仕事です。

このように、総務は直接的な生産活動ではなく、会社を支える縁の下の力持ち的な仕事を行ないます。

●総務の仕事の実際

総務の仕事は会社によって違いはありますが、だいたい次のような仕事を行なっています。

①人事・採用関係

新入社員や中途入社社員の募集・採用から社員研修などまで「ヒト」に関する仕事です。大きな会社の場合、人事部などの形で別組織になることもあります。

②労務・給与関連

従業員の毎月の給与の計算や振込みから社会保険の手続きなど、給与や保険関連の事務処理を行ないます。給与などお金に関する事務は経理が行なう会社もあります。

③広報・庶務関連

会社に設置してある掲示板の管理、社内清掃の管理、来客受付、就業規則など社内の規則作成、社内イベントの企画・実施、その他会社で使う文具や備品の購入などまで会社で必要とされるさまざまな仕事を行ないます。また、マスコミなど対外的な対応も総務の仕事です。

④法務関連

業務に関してトラブルがあった場合の対応や、会社の権利関係の管理など、法律にからむ仕事も総務が行ない

Key Word

新人研修▶ほとんどの会社が新入社員を対象に「新人研修」を行なっている。新人研修は総務が担当するケースが多く、新入社員は会社に入ると、まず総務の世話になるのである。

ます。大きな会社の場合、社内に弁護士や弁理士がいる法務部が対応するケースもあります。

このように総務は、販売や生産など会社の本業以外に必要なすべての仕事をしているといってもいいでしょう。会社のなかでは脇役的な存在ですが、総務部がないと会社は成り立ちません。その意味からも総務の仕事は、会社にとって非常に重要なのです。

総務のいろいろな仕事

社員の支援に関する仕事

人事の仕事

社員の募集、面接、採用、教育、評価など社員に関する仕事。会社にとって大切な社員を支援します

労務・給与の仕事

社員の給与計算から振込み、健康保険、厚生年金などの社会保険の登録や保険料の支払いなど、社員が安心して仕事ができるようにします

会社の内外の仕事

広報・庶務の仕事

マスコミや会社周辺住民への対応や、掲示板管理、来客受付、レクリエーション企画など社内の仕事をします

法務関連の仕事

法務の仕事

業務提携などの契約書作成、トラブル時の訴訟対応、特許申請など法律的な仕事もします

05

経理の仕事

会社の経営活動にともない発生するお金のやりとりを管理します。

●会社の「カネ」を管理する

会社では、商品を仕入れるときには代金の支払いが発生しますし、商品が売れれば売上金が入ってきます。従業員を雇えば給料を支払いますし、備品を購入すればその代金も払います。

このように、会社が経営活動を行なう場合、必ずお金のやりとりが発生します。この**お金のやりとりを管理する**ことが、経理の重要な仕事になります。

経理が担当する仕事には、会社の資金調達、固定資産などの管理、日々のお金の出入りのチェック、決算書の作成などさまざまなものがあり、これをいい加減にしていると、会社の経営は成り立ちません。

●毎日のお金の出入りを記録する

日々のお金の出入りのチェックは毎日行なう仕事で、決算書などを作成するときのもとになるものですから、とても重要な仕事です。

みなさんも、一度は家計簿やこづかい帳をつけたことがあると思います。家計簿は、1か月の収入と使ったお金（支出）を記録して、月のお金の出入りを管理します。

会社でも同じように毎日、簿記のルール（お金の出入りを記録するときの決まりごと）にしたがって収入（売上など）と使ったお金（経費など）を記録していきます。

そして、1年間の記録をもとに決算期には決算書を作成するのです。決算書とは、会社の経営活動の結果をお金の面からまとめたもので「財務諸表」ともいわれます。

また、売上管理と支払管理も重要な仕事です。

会社が商品を販売して請求書を発行した場合、その代金（売掛金）がきちんと銀行に振り込まれているかを確認する必要があります。もし期日までに振り込まれなければ、相手に督促します。これが売上管理です。

一方、部品や材料、備品などを購入した場合、購入先から請求書が届きます。請求書にしたがいお金を支払うのも経理の仕事です（支払管理）。

決算書（財務諸表）▶会社の業績などをまとめたもので、損益計算書、貸借対照表、株主資本等変動計算書などがある。経営成績や財務状態を明らかにする書類なので財務諸表（会社法では計算書類）とも呼ばれる。

■経理の仕事一覧

会社の財産の管理

- 銀行からの借入による資金調達
- 新株、社債の発行による資金調達
- 土地、建物など固定資産の管理
- 現金、預金の管理
- 会社の予算計画作成と管理
- 決算書類の作成
- 棚卸資産（在庫など）の管理
- 有価証券（株など）の管理
- 特許権、営業権など無形資産の管理

日々のお金の出入りの管理

- 請求書の発行と入金管理
- 原材料、部品などの支払管理
- 備品、消耗品などの支払管理
- 売掛金の回収管理
- 会計帳簿作成と管理
- 交通費など小口現金の支払管理
- 法人税などの支払管理
- 社員給料の支払管理　など

06

営業の仕事

商品を売るだけでなく、販売促進、顧客管理など常に最前線でお客様と接します。

●幅広い営業の仕事

営業は、商品を売る仕事ですので、**常にお客様と接しています。**

お客様が会社の場合、通常は会社（お客様）ごとに営業担当者が決まっていて、お客様から問合せがあれば商品の説明を行ない、値段がいくらかと聞かれれば見積書をつくってもっていきます。

また、商品が売れれば、それで終わりではありません。商品を売った先のアフターフォローも行ないますし、もし商品に不具合がありクレームが入ったときは、お客様のところに謝りにいくのも営業の仕事です。

さらに、自社が新しい商品を出せば、お客様のところを回って新商品の説明をし、買ってもらうよう活動することも欠かせません。

このような幅広い仕事を行なうためにも、自社商品に関する知識やお客様の状況、競合他社の状況などを理解していることが、営業担当者には求められます。

ただ、ひと口に営業といっても、業種や扱う商品によって仕事の内容はさまざまです（図参照）。

●販売活動を支援する仕事もある

商品を売るためには、単にお客様のところにいって「買ってください」と交渉するだけでなく、販売活動を支えるために必要な仕事もあります。

たとえば、商品説明をするためには商品パンフレットやホームページなどをつくる必要があります。新商品が出れば、キャンペーンのためのイベントを企画して人を集め、そこで商品を宣伝したり販売したりします。

また、小売業では、よく買ってくれるお客様にはダイレクトメールなどを送り、次の来店を促進するなどの顧客管理が欠かせません。食品を販売する場合には、試食・試飲会などを実施したりもします。

このような商品の販売を助けるための仕事を**販売促進**といい、販売活動と密接な関係がある仕事です。

Key Word **ルートセールス▶**特定得意先を定期的に訪問して、注文をとるなど営業活動をする形態をルートセールスと呼ぶ。一方、新規に顧客を開拓するために会社などを訪問する形態を飛び込みセールスという。

■業種別にみた営業の仕事

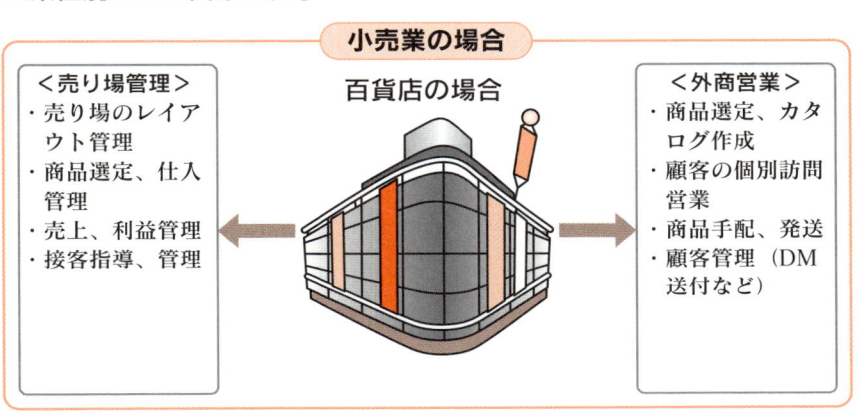

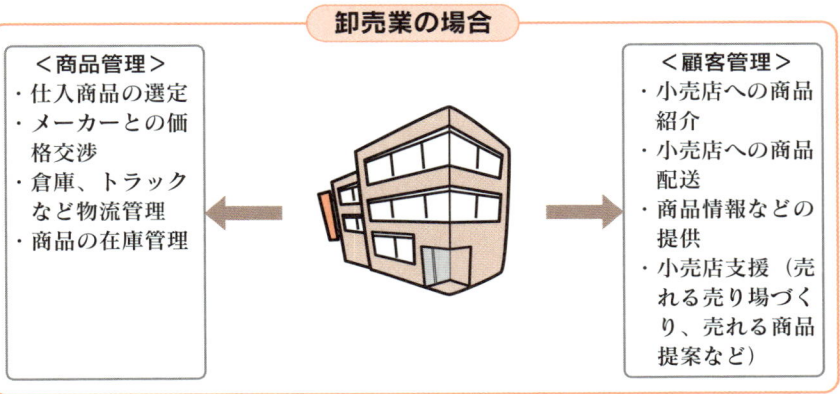

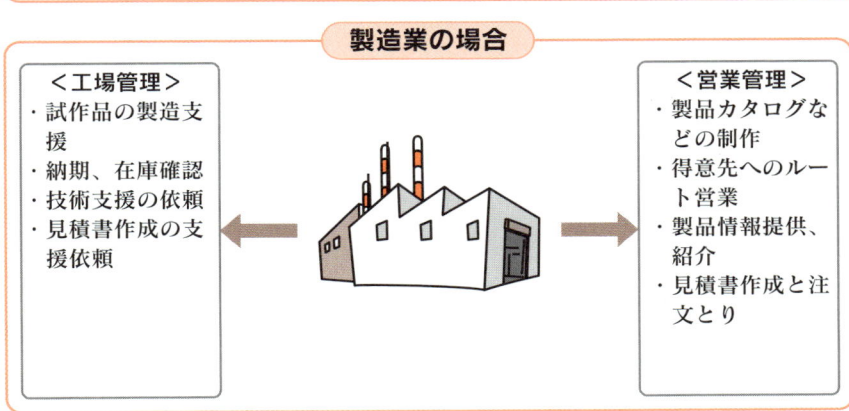

小売業の場合

百貨店の場合

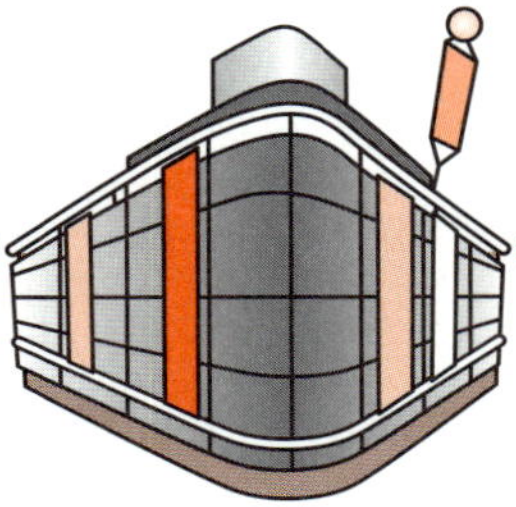

＜売り場管理＞
- 売り場のレイアウト管理
- 商品選定、仕入管理
- 売上、利益管理
- 接客指導、管理

＜外商営業＞
- 商品選定、カタログ作成
- 顧客の個別訪問営業
- 商品手配、発送
- 顧客管理（DM送付など）

卸売業の場合

＜商品管理＞
- 仕入商品の選定
- メーカーとの価格交渉
- 倉庫、トラックなど物流管理
- 商品の在庫管理

＜顧客管理＞
- 小売店への商品紹介
- 小売店への商品配送
- 商品情報などの提供
- 小売店支援（売れる売り場づくり、売れる商品提案など）

製造業の場合

＜工場管理＞
- 試作品の製造支援
- 納期、在庫確認
- 技術支援の依頼
- 見積書作成の支援依頼

＜営業管理＞
- 製品カタログなどの制作
- 得意先へのルート営業
- 製品情報提供、紹介
- 見積書作成と注文とり

07

製造の仕事

決められた期限までに、決められたコストで、品質の高い製品をつくるのが仕事です。

あなたが自動車を買うとします。買った自動車がすぐに故障したり、納車の日をすぎても届かなかったりしたら、あなたはどうしますか？

あなたは間違いなく販売店にクレームをつけ、二度とそのメーカーの自動車は買わないでしょう。

このように、製造業はただ製品をつくればいいというものではありません。消費者が満足するような製品をつくってはじめて、ビジネスとして成立するのです。

消費者に満足してもらうためには「高い品質（Quality）」「より安いコスト（Cost）」「納期厳守（Delivery）」の3つが重要であり、それぞれの頭文字をとってQCDと呼んでいます。

このQCDを向上させるために、製造の現場では次のような取り組みを行なっています。

①品質管理

大きな会社では製造部とは別に品質管理部などがあり、製品の品質向上に取り組んでいます。

通常、製造業では、あらかじめ決められた品質基準というものがあります。たとえば、寸法が100ミリの製品であれば、誤差は1ミリまでならOKというような基準をつくっておきます。それを超える誤差の製品は不良品にします。

さらに、不良率（不良品の割合を5％以内にする、など）を決めて、その不良率を超えないように、常にさまざまな技術を向上させています。

②コスト管理

いくら品質のよい製品ができても、つくるのにお金がかかりすぎると利益が出ません。そこで、まず製品をつくるために費用がいくらかかるかを計算しておき、その費用を超えないようにするのがコスト管理です。

たとえば、不良品が多いと余計に材料費がかかりコストが大きくなります。また、他の会社が1時間に100個つくるのに対して自社が80個しかつくれないとすると、製品1個あたりのコストが上がります。原材料や部

QC▶Quality Controlの略で「品質管理」と訳される。製品の品質を維持するために行なわれるさまざまな活動のこと。これを全社的に行なうのがTQC（Total Quality Control）である。

■製造業のQCD

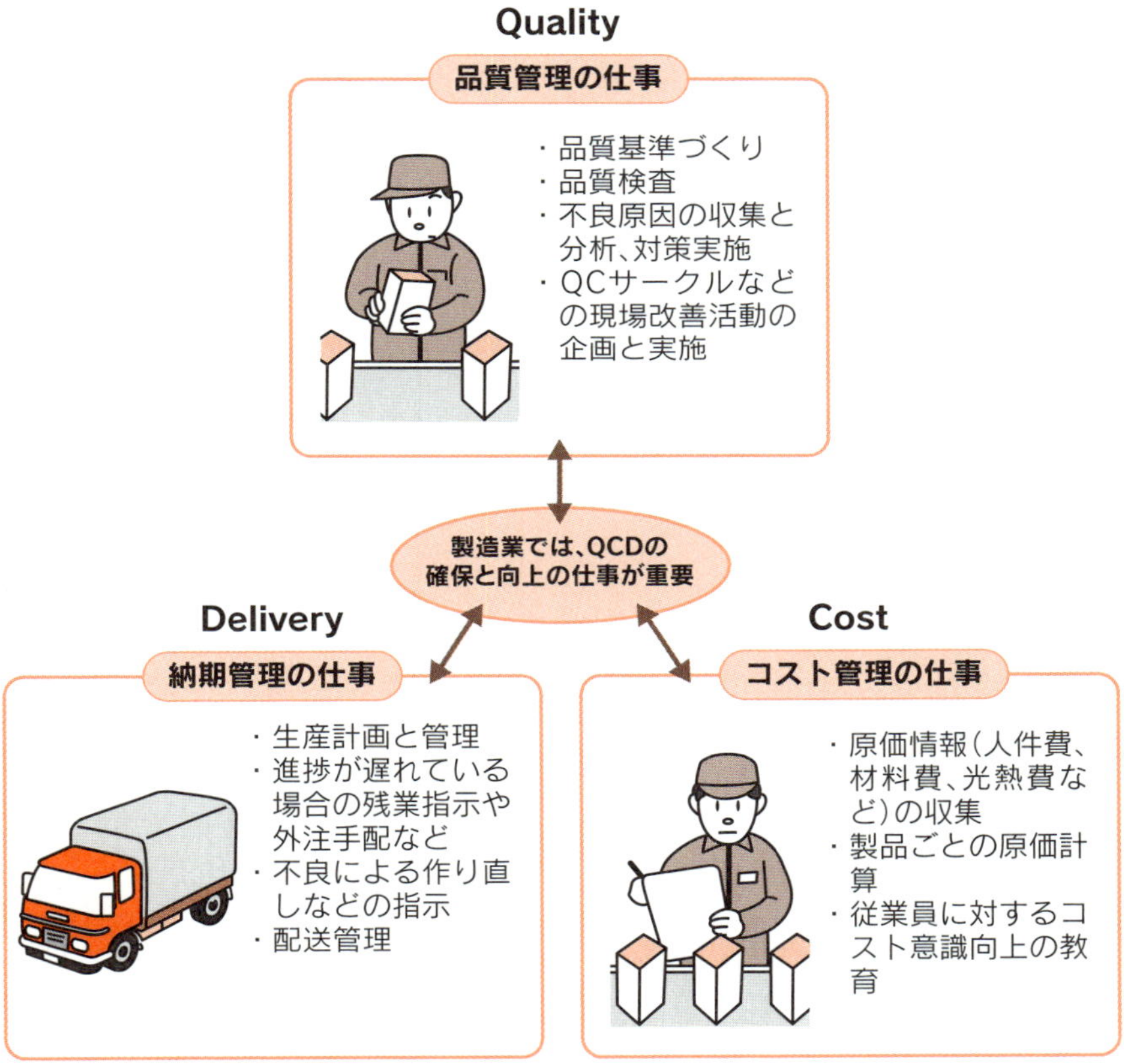
Quality
品質管理の仕事
・品質基準づくり
・品質検査
・不良原因の収集と分析、対策実施
・QCサークルなどの現場改善活動の企画と実施
製造業では、QCDの確保と向上の仕事が重要
Delivery
納期管理の仕事
・生産計画と管理
・進捗が遅れている場合の残業指示や外注手配など
・不良による作り直しなどの指示
・配送管理
Cost
コスト管理の仕事
・原価情報（人件費、材料費、光熱費など）の収集
・製品ごとの原価計算
・従業員に対するコスト意識向上の教育

品なども、できるだけ安いものを購入することでコストをおさえることができます。

③納期管理

よい製品を安くつくっても、取引先との約束で決められた日までに製品を納められないと、注文を断わられることもあります。

決められた日までに製品をつくるためには、工場をはじめとする製造工程の進捗管理が必要です。

製品にもよりますが、モノをつくるためには複数の工程があります。この工程ごとに、計画どおりに進んでいるかをチェックするのが納期管理です。もし、ある工程が遅れていれば、別の機械も使ったり従業員が残業するなどして計画どおりになるよう対策をとります。

08 製品開発の仕事

新製品をつくるための技術研究や製品の設計・試作などを行なう仕事です。

●新製品を生み出す仕事

みなさんがよく使うスマートフォンなどの携帯電話は常に新しい機種が登場していますし、パソコンも新しい機能をもった製品が次々と登場します。このように、世の中の製品は常に改良されたり、新しい機能が追加されたりしています。

そうした**新製品の誕生を支えているのが製品開発**の仕事です。通常は、製品開発部などの部署が担当します。

新しい製品をつくる場合、まず、どのような製品をつくるか、その製品が売れるかどうかといった調査や企画が必要です。これはマーケティング部や製品企画部が行なう場合もありますが、その場合は調査結果を受けて具体的な製品開発や設計を行ないます。

市場調査の結果、従来のパソコンにある機能をプラスした製品をつくろうという製品企画ができたら、それを受けた製品開発部では、新しい機能を加えたパソコンの設計をはじめ、パソコン全体のデザインやコストまで計算しながら製品化していきます。

パソコンに限らず技術の進歩は早いため、製品開発の担当者は常に新しい技術を習得しなければなりません。

●量産できるようにするまでが製品開発の役目

製品開発の仕事は、設計や試作だけではありません。会社が新製品をつくる目的は、その製品をたくさんつくり販売して利益を上げることですので、最終的には大量生産をめざしているはずです。

ただし、いきなり大量生産して製品に不具合があったりするとまずいので、まず製品企画にもとづいて試作品を数個つくり、機能の確認や性能をチェックします。ここでなにか問題があれば、設計などに改良を加えて第二の試作品をつくります。

このような機能・性能チェックから試作品改良を何回か繰り返し、最終的に製品化のメドが立てば、大量生産への準備をします。ここでも、いきなり何万個もつくる

開発段階でコストは決まる▶通常、いかに安い部品を使うか、どのような構造にすれば効率的に製造できるかなど、コスト低減のための検討も製品開発には求められる。製品のコストは開発段階で決まるといっても過言ではない。

製品開発のプロセス

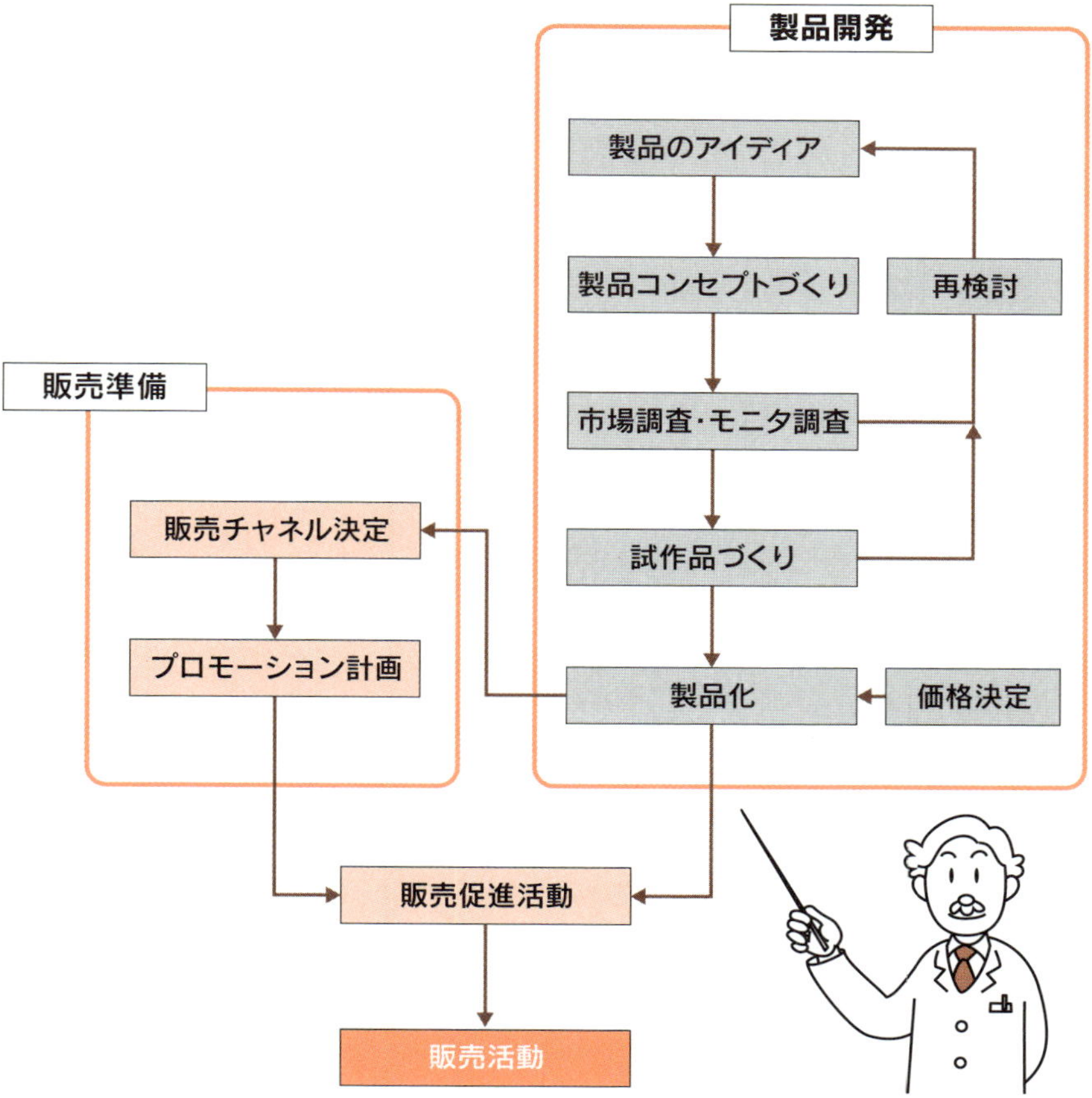

のではなく、通常は「量産試作」といって数百個程度をつくり、問題がないかチェックします。

もし問題があれば、製品開発と製造部が協力して解決します。そして大量生産のメドがつけば、あとは製造部にまかせることになります。

このように製品開発の仕事は、設計や試作品づくりだけでなく、会社の事業として量産できるようになるまで関与していきます。

09

企画、広報の仕事

企画は経営や営業を支援する仕事で、広報は「会社の顔」的な存在です。

●経営に役立つ新しいことを立案する

学生のあいだでは「今度、コンパの企画をつくるよ」などという言い方をよくします。「企画」という言葉を辞書で引くと「計画を立てること、立案すること」とあります。つまり、コンパの企画とは「コンパという目的のために、場所や費用や参加者の募集方法などを立案する」ということです。

会社のなかでもさまざまな計画が立案されますが、おおむね企画という仕事は、次の４つにまとめられます。

①経営企画の仕事

会社を取り巻く経営環境を分析して戦略を立案したり、戦略にもとづく経営計画・事業計画などを作成し、実行を指揮する仕事です。いわば会社の頭脳といってもいいでしょう。

②商品企画の仕事

市場調査などの結果にもとづいて新商品の企画やマーケティングを行ないます。組織形態は会社によって違いますが、商品企画室、マーケティング室などと呼ばれることが多いようです。

③営業企画の仕事

営業が行なう販売活動を支援するためにキャンペーンの企画を立てたり、ポスターやパンフレットを制作するなど販売促進の企画を立案する仕事です。

④企画提案の仕事

商品提案、システム提案、ＣＭ提案など、お客様に対して自社の商品やサービスがどのように役立つかを提案する仕事です。

●広報と宣伝は違う

広報というと、会社がなにか事件などを起こしたときにテレビに登場する人というイメージがありますが、本来は「会社の事業内容などを一般の人に広く知らせる」ことが仕事です。

もともと広報は英語の「パブリック・リレーションズ

Key Word
IR ▶ Investor Relationsの略。投資家に対して、投資判断に必要な会計情報や企業活動情報を継続して公開していくこと。会社はIR活動によって、株式市場で正当な評価を得ることができる。

（Public Relations）＝ＰＲ」が語源です。ですから、**会社と外部との橋渡し的な仕事**だといえます。

たとえば、マスコミに登場して自社の経営状況や事業内容を説明する、広報誌を制作する、外部の人から会社に対する意見を聞き事業に取り入れる、などです。

なお、製品のＰＲも広報活動の一部ですが、広報の場合は製品ＰＲを通じて自社の理念などを理解してもらうことが目的であり、販売につなげるための製品広告は、広告宣伝部などの仕事になります。

■企画という仕事

経営企画の仕事

経営戦略、経営計画などの立案と実施管理

商品企画の仕事

新しい商品の機能、価格などを企画する。詳細なマーケティング活動を行なう

営業企画の仕事

新製品の販売キャンペーンの実施や宣伝のためのポスターなどの制作

企画提案の仕事

クライアントへの製品提案、デザイン提案、CM提案などにより受注を取る仕事。コンペになるケースも多い

10

サービス業の仕事

モノをつくったり売ったりするのではなく、お客様に満足を与える仕事です。

●サービス業の特徴

みなさんはサービス業と聞いて、どのような仕事を思い浮かべますか? 現在の社会では、サービス業は街にたくさんあふれています。たとえば、クリーニング店、美容院、エステサロン、スポーツクラブ、レンタルショップ、旅館・ホテル、ゲームセンターなどなど……。

サービス業には、次のような特徴があります。

①サービスは目にみえない

小売業などは目にみえる商品を扱いますが、サービス業は目にみえない「サービス」をお客様に提供します。

②サービスは提供と消費が同時進行

サービスは、その提供と消費が同時に進みます。

③サービスの品質は人により違う

サービスの品質は、それを提供する人によってレベルが違ってきます。

④サービスは在庫できない

商品であれば倉庫に保管することもできますが、サービスは在庫できません。

●サービス業に欠かせない仕事

提供するサービスによって仕事の内容は違いますので、ここではサービス業に共通するものを紹介します。

①顧客管理

サービス業ではお客様の管理が重要です。会員制にして、会員だけのサービスを提供するところも多くあります。また、割引券やクーポン券を発行して来店を促進します。

サービス業では、お客様に継続的に来店してもらうことが大切なのです。

②サービスの質向上

前述したように、サービスは目にみえないものです。そのため、常に質のよいサービスを提供しなければなりません。サービス業では、常にサービスの質を向上させるための研修などを実施する仕事が重要になります。

顧客満足▶会社が提供する商品やサービスを購入した人（消費者）が感じる満足感のことで、消費者志向の経営における基本的な考え方。CS（Customer Satisfaction）ともいわれる。

■主なサービス業の特徴

	顧客管理の方法	サービスの質向上の方法	広告宣伝の方法
スポーツクラブ	会員制にし、利用回数により割引などのサービスを行なう	インストラクターの能力向上のための教育、設備の充実など	折込チラシ、ホームページなど
学習塾	生徒ごとの成績管理など、個別指導により学習効果を上げる	カリキュラムやテキストの独自化、先生の指導能力向上のための教育など	折込チラシ、新聞広告、DM、口コミなど
エステサロン	会員制にし、お肌の手入れなどを個別にアドバイスするなどていねいな対応を行なう	エステティシャンの技術向上、個別指導ができるシステムの導入	駅貼広告、路面看板、口コミ、ホームページなど
旅行代理店	パック旅行だけでなく、オリジナルコースの要望があれば対応する。一度申し込んだ顧客には定期的に旅行案内を行なう	接客力の向上、扱い旅行の増加、オリジナルコース設定サービスなど	折込チラシ、雑誌・新聞広告、路面看板など
タクシー	ポイントカードの発行、タクシー無線への顧客登録など	接客の標準化（同じ会社のタクシーならどの車に乗っても同じ対応ができる）	口コミなど
映画・劇場	インターネットによるチケット販売。購入客に対してネットを通じて映画案内などを行なう	話題作の上映、場内環境整備、ネットでのチケット予約などの利便性の向上	テレビCM、新聞広告、ホームページ、コンビニなど他社との提携によるPR
レストラン	会員制にし、誕生日や結婚記念日などに特別ディナー案内などを送る	料理内容の充実、予約の利便性向上など	折込チラシ、新聞広告、DM、口コミなど
ホテル・旅館	一度宿泊した顧客にシーズン前に案内（DM）を送る。定期的に情報誌を送る	ネットでの予約、接客力の向上、施設整備など	新聞・雑誌広告、DM、口コミ、ホームページなど

③広告宣伝の仕事

目にみえないサービスという商品を提供しているのですから、自社のサービスが他社とどう違うのか、そのサービスによりお客様がどのような満足を得ることができるかなどを、わかりやすく効果的にアピールする必要があります。

宣伝は、お客様を獲得するために欠かせない仕事です。

11

流通業の仕事

製品をつくるメーカーと消費者の間に位置する小売業や卸業などです。

●消費者の身近にある流通業

流通業は、モノをつくる製造業と、モノを買う消費者とをつなぐ役割をもつ業態であり、みなさんの最も身近に存在する会社です。主な流通業についてみていきましょう。

①コンビニエンスストア

ローソンやセブン-イレブンなど、だれもが知っている店です。生活に必要なものなら24時間いつでも買えるという特徴があります。最近では生鮮品を扱う店も出てきました。

②GMS（大型量販店）

西友やイトーヨーカ堂など、食料品から日用品、衣料品などまで揃えているのが特徴です。アメリカで発達している業態ですが、アメリカのGMSには食料品がありません。

③ショッピングセンター

食料品や日用品などの販売のほかに、飲食店やゲームセンターなどもあり、買い物だけでなくアミューズメントまで提供する業態です。

④百貨店

三越や高島屋などに代表される業態で、デパートとも呼ばれます。最近、話題の「デパ地下」と呼ばれる食料品売り場から、高級ブランド品までを扱っています。

⑤大型専門店

医療品や紳士服、家電製品、日用品などを低価格で大量販売する業態です。いわゆるロードサイド店と呼ばれ、幹線道路沿いに出店するケースが多くあります。

⑥インターネットショップ

最近、楽天やヤフーショップに代表されるネットショップが多くなりました。まだ新しい業態ですが、今後も成長するでしょう。

●流通業では商品の管理が重要

業態や扱う商品によって仕事の内容は違いますが、次

Key Word

バイヤー▶スーパーや百貨店などで自店が販売する商品を買い付ける仕事をする人。日用品から食品、ブランド品、玩具、家具など専門性があり、それぞれの分野ごとにバイヤーがいる。

■スーパーバイザの仕事

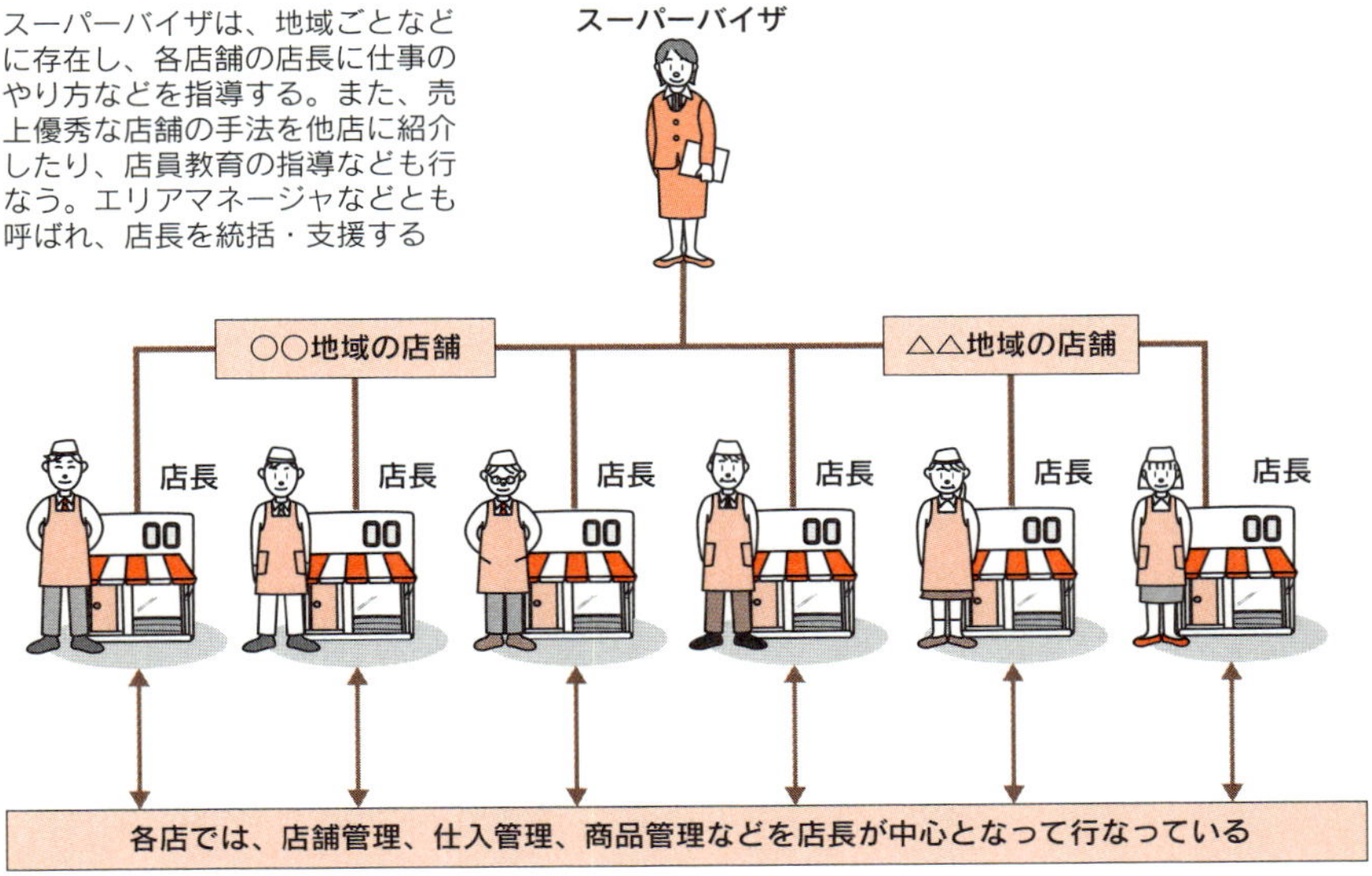

スーパーバイザは、地域ごとなどに存在し、各店舗の店長に仕事のやり方などを指導する。また、売上優秀な店舗の手法を他店に紹介したり、店員教育の指導なども行なう。エリアマネージャなどとも呼ばれ、店長を統括・支援する

のような共通した仕事があります。

①店舗管理

どのような場所にお店を出すか、お店の外装や内装の設計・施行、商品の並べ方、店内広告のみせ方など、お店に関する仕事です。

②仕入管理

どこから商品を仕入れるか、仕入のタイミングはどうするかなど商品の仕入に関する仕事です。通常、バイヤーと呼ばれる人が担当します。

③商品管理

お店の商品構成を考えて、常に売れる商品を揃える仕事です。POSデータを使って売れ筋商品などを把握します。

④在庫管理

仕入管理と連動して店舗の在庫を調整します。品切れにならないギリギリのところで在庫調整することが重要です。

⑤店長の仕事

お店には、必ず店長がいます。店長は店舗管理、仕入管理、商品管理など自店の仕事の責任者ですので、幅広い知識と店員を活用する能力が必要になります。

おろそかにはできない個人情報の管理

2005年4月に個人情報保護法が施行されました。5000人以上の個人情報をもつ事業者が対象になります。同法では、個人情報を収集する場合、利用目的を本人に説明し、必ず了承を得ることを求めています。また、収集した個人情報は、社内で厳重に管理しなければなりません。

筆者は個人情報保護管理のコンサルティングも行なっていますが、「どこまでが個人情報で、どこまで厳重な管理をする必要がありますか？」とよく聞かれます。

たとえば、会員カードをつくるためにお客様から氏名や住所、家族構成などを聞きました。これは重要な個人情報です。一方、飲み屋のママさんから名刺をもらいました。これも個人情報です。しかし、飲み屋のママさんは自分のお店を宣伝したいので名刺を配っているのです。そのような情報とお客様の情報は、同じ個人情報でも少し性格が違います。

会社にはいろいろな個人情報がありますが、それぞれの個人情報の重要度に応じた管理が必要になってきます。個人情報の重要度は、その情報が社外に流出した場合などに、会社に与える損害の大きさで決めます。

お客様の個人情報が流出すれば、会社の信頼はガタ落ちです。ですから、先ほどのお客様の会員情報は重要度Ａ。一方、飲み屋のママさんの名刺は、たとえ別の会社の人間に渡しても怒られないでしょう。ですから重要度はＣ……といった具合です。

そして、個人情報の重要度に応じて金庫に保管する、カギのついたロッカーに保管するなどの保管方法も決めておきます。

いずれにしても、お客様などの個人情報の流出は、会社にとって重大な損害を与えるということを忘れてはなりません。

第5章

給料や人事制度のしくみ

01

会社にはいろいろな身分の人が働いている

正社員だけでなく、パート、アルバイト、契約社員も重要な戦力です。

●雇用の流動化で生まれてきた新しい働き方

学生時代にアルバイトをした人も多いと思います。スーパーのレジ係などもパートの主婦が働いているケースが多くあります。また、オフィスには派遣社員や契約社員なども働いています。

このように、会社ではさまざまな雇用形態の従業員が働いています。

日本の会社は、高度経済成長期には終身雇用、年功序列など日本的経営を行なってきました。しかし、規制緩和によって国内での競争が激しくなり、また海外からの安い輸入品などとの競争に勝つためには、コスト削減を行なわなければならなくなりました。

とくに、バブル期に多くの正社員を雇った会社は、リストラによる人員削減や、正社員のかわりに派遣社員や契約社員を雇うなど、人件費の削減を行ないました。

一方では、団塊の世代が定年を迎えつつあり、かつ少子高齢化で若い働き手が減り、会社は人材の確保に苦労しています。しかし、正社員を雇用すると、業績が悪くなったからといって簡単に解雇できません。

そこで、1年や2年など期限を決めて雇うことができる派遣社員や契約社員などが増えてきました。

また、労働者のほうにも、1つの会社で定年まで働くのではなく、いろんな会社で経験を積みたいという考え方の人が増え、終身雇用や年功序列という形態が崩れてきました。これを「雇用の流動化」といい、新しい働き方が生まれるようになっています。

●格差の問題

派遣社員や契約社員は、契約が切れれば別の会社に移れるなど自由度は高いですが、希望しても必ず契約を継続してもらえるという保証がありません。待遇面でも、給料やボーナスは正社員より低く、退職金などもありません。

そのため、派遣社員や契約社員などの非正社員は、生

労働者派遣法▶派遣社員の雇用の安定と福祉の増進を図るための法律。派遣する企業（派遣元）と派遣される企業（派遣先）が守るべきこと（契約や労働条件など）が定められている。

活が安定しないという問題も出てきました。これを「雇用格差」といい、現在は社会問題にまで発展しています。

このように、現在の会社ではさまざまな身分の人が働くようになっていますが、一方で正社員との格差というむずかしい問題も抱えています。

さまざまな従業員の雇用形態

正社員

期間を決めない労働契約で働く人。通常、社員といえば正社員をさす

契約社員

期間（1年など）と報酬を決めて働く社員。専門性の高い職種などに多い。契約を継続できなければ職を失う

パート・アルバイト

期間や労働時間を決めて、時間給で働く形態。レジ打ち、工場での簡単な作業、事務作業、店員などが多い。優秀なパートやアルバイトを正社員化する動きもある

嘱託社員

特殊な能力などをもった社員に依頼して、定年後も会社に残ってもらうケースに多い

派遣社員

派遣会社に雇用され、会社に派遣されて働く形態。仕事は派遣先の指示による。工場での作業、事務作業などに多い

02

入社から退職までの流れ

大卒で入社してから定年退職するまでには、40年近い長い道のりがあります。

●入社は会社と雇用契約を結ぶこと

会社に入社するということは、会社と**雇用契約**を結ぶということです。これは、学校を卒業したばかりの新入社員であろうと中途入社者であろうと同じです。

新入社員の場合は通常、1～3か月程度の研修を受けて現場の部署に配属されます。最近の会社では能力主義を採用しているところが多く、入社3年目くらいまでは、同期入社なら同じ役職・同じ給料であっても、それ以降は昇進や給料に差が出てくるケースもあります。

学歴や勤務年数で役職や給料が決まるのではなく、会社に入ってからの頑張りが評価される時代なのです。

●途中退職する人も

会社に入って数年たつと、自分はこの会社に合っていないと感じる人もいます。そういう人は、定年を待たずに退職することもあります。現在は、能力があれば**転職**することも十分可能ですので、転職する人は増えています。

ただし、よほど能力の高い人や経験を積んだ人なら別でしょうが、あまり年をとってからの転職はむずかしいのが現状です。

●定年後も働く人もいる

日本では「定年」を決めている会社がほとんどです。定年とは、その年齢になった社員は自動的に退職しなければならない、という制度です。

定年年齢については法律で60歳以上と定められており、実際にも60歳を定年としている会社が多いのですが、最近は65歳まで定年を延長する会社も増えています。

ただし、定年後も嘱託という形で再就職するケースもありますし、法律の改正によって定年年齢の引上げや定年後の継続雇用が義務づけられるなど、高齢者が働きやすい環境が整備されつつあります（124ページ参照）。

役員の定年▶従業員の定年を定めている会社は多いが、社長や専務などの役員には定年はない。役員が辞めるのは、株主総会で解任されるか、高齢のため業務遂行がむずかしくなり自分から辞任するケースである。

■入社から退職まで

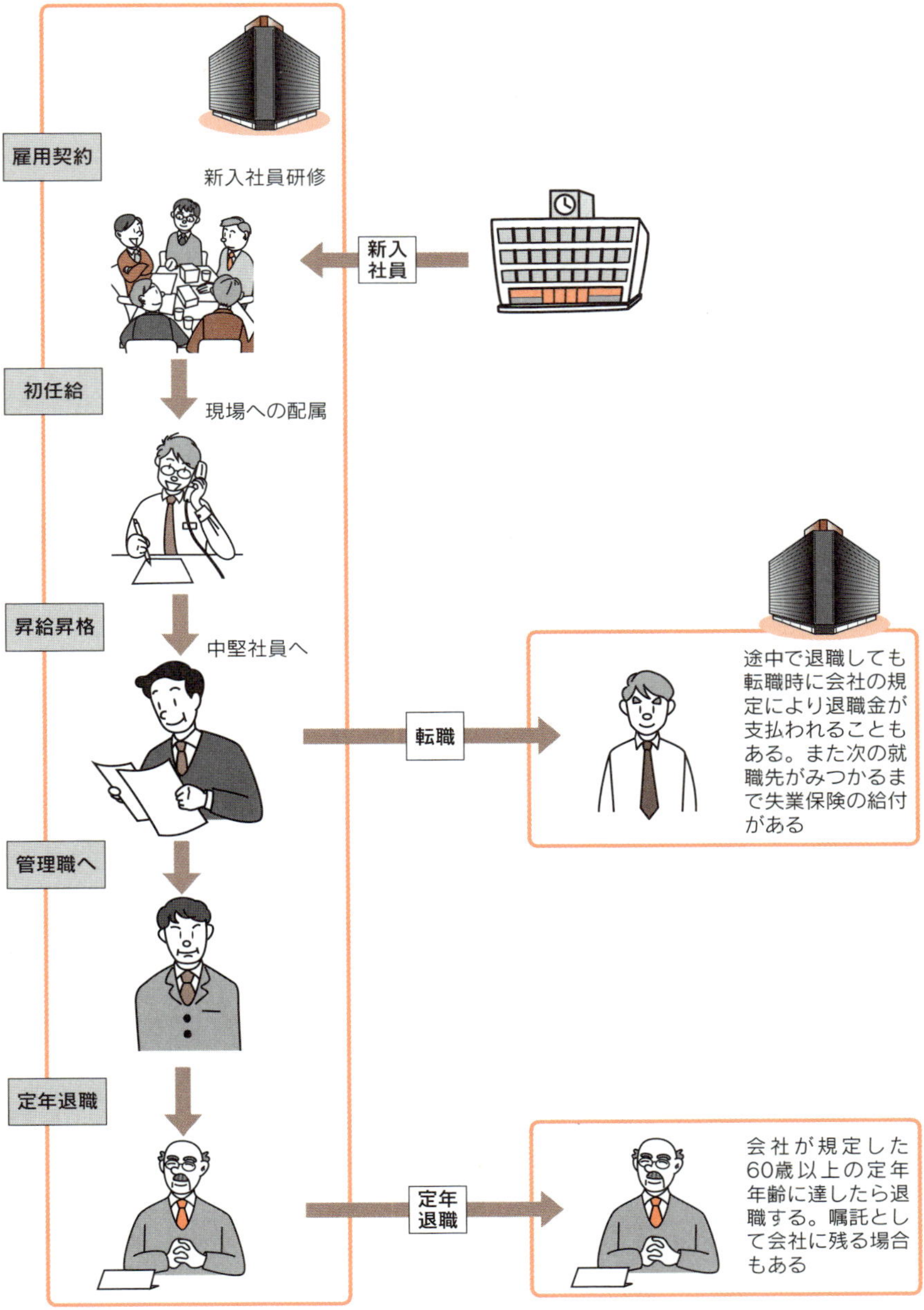
雇用契約
新入社員研修
新入
社員
初任給
現場への配属
昇給昇格
中堅社員へ
転職
途中で退職しても転職時に会社の規定により退職金が支払われることもある。また次の就職先がみつかるまで失業保険の給付がある
管理職へ
定年退職
定年
退職
会社が規定した60歳以上の定年年齢に達したら退職する。嘱託として会社に残る場合もある

03

従業員の労働条件は法律で規制されている

経営者より弱い立場の従業員（労働者）を守るための法律が労働基準法です。

●最低の労働条件を定めている労働基準法

筆者宅の近くにある八百屋のご主人は、早朝から市場へ仕入れに出かけ、夜遅くまでお店で働いています。おそらく1日の労働時間は12時間を超えているでしょう。もちろん、残業手当などありません。

これは、個人で事業を行なっているからであり、会社の従業員なら過酷な労働時間といわれてしまいます。もし、会社で働く従業員の労働時間になんの規制もなければ、八百屋のご主人と同じように働かないといけないかもしれません。

そのようなことがないよう国は労働基準法という法律をつくり、従業員の労働時間や休憩時間、休日、賃金、時間外労働の割増賃金などの最低条件を決めています。

たとえば、労働時間は原則週40時間と定めています。週休2日制なら月曜日から金曜日まで1日8時間の労働時間となります。なお、この基準は最低基準であり、週40時間未満にすることはかまいません。

このような労働基準法で定められている従業員の労働条件については、会社の経営者は必ず守らないといけません。

●労働者の権利を守るための法律

たとえば、会社で働いていて「もっと給料を上げてほしい」「働く環境をよくしてほしい」など、会社に対して要望があるとします。しかし、たった1人で要望してもなかなか聞いてもらえないことがあります。

そこで、労働者の権利として、労働組合法という法律で「団体権」「団体交渉権」「団体行動権」（いわゆる労働3権）というものが認められています。これは、会社で働く従業員たちが組合などをつくり、団体で会社と交渉することを認めるものです。最近はストライキという言葉もあまり聞かなくなりましたが、ストも団体行動権のなかで認められている権利です。

また、組合と会社の交渉を調整する労働関係調整法と

解雇▶労働者が会社から労働契約を解除されること。ただし、労働基準法によって「客観的かつ合理的な理由」がない場合は解雇できないと定められているなど、簡単に解雇することはできない。

いう法律もあり、労働基準法、労働組合法と合わせて「労働三法」と呼んでいます。

労働者は会社に雇われているという立場が弱い存在です。そのため、労働者の権利を守るための法律があるのです。

■労働基準法の主な内容

	項　目	概　要
第1章	総　　則	労働条件は従業員と会社が対等な立場で決める、男女や国籍等によって差別してはならないなど、基本的な事項
第2章	労働契約	労働期間を決めてはいけない、賃金・労働時間などを明確に提示すること、正当な理由なしに解雇していはいけないなど、労働契約についての事項
第3章	賃　　金	賃金は現金で、労働者本人に直接全額支払う、決められた最低賃金を下回ってはいけないなど、賃金に関する事項
第4章	労働時間、休憩、休日および年次有給休暇	原則1週間に40時間以上働かせてはいけない、労働時間が8時間を超える場合は最低1時間の休憩をとる、1週間に最低1回の休日を与える、労働者の代表と合意がない限り時間外労働や休日労働をさせてはいけない、年次有給休暇の日数など、労働時間や休日などに関する事項
第6章	年 少 者	15歳以下の年少者に労働させてはいけない、18歳未満の者に深夜労働をさせてはいけないなど、年少者に関する事項
第8章	災害補償	業務上で事故や病気になった場合、会社がその治療費などを支払う、事故などで休業したときは補償を行なうなど、仕事上の災害補償に関する事項
第9章	就業規則	社員が10人以上の場合は必ず就業規則をつくらなければならない、就業規則には賃金、休憩時間、休日の日数、災害補償、時間外労働など労働者が働くために必要な事項を記載しなければならないなど、就業規則に関する事項

04 給料のしくみ

賃金にはさまざまなものがありますが、毎月決まって支払われるものが給与（給料）です。

●毎月支払われる給与

求人広告をみると「初任給20万円、家族手当、住宅手当あり」などと書かれています。これは、会社で働くことにより毎月もらえる給与（給料）です。

よく賃金という言葉を聞きますが、賃金とは毎月もらえる給与のほか、ボーナスなど会社からもらうすべてのお金をさします。つまり、毎月決まって支払われる給与と、ボーナスなどの報酬を含めて賃金と呼んでいるのです。

給与には所定内賃金と所定外賃金があります。所定内賃金とは基本給や家族手当、住宅手当などの各種手当てを含んだものであり、所定外賃金とは残業手当、休日出勤手当などです。ちなみに、先の「初任給20万円」というのは、給与体系のなかでは「基本給」に該当します。

また、ボーナスは毎月支払われるものではなく、特別の報酬ですので「賞与」といい、税金なども給与とは別に扱われます。

●賃金の支払い方法なども法律で決まっている

会社からもらう賃金は、働く人にとって非常に重要なものです。そこで、労働基準法では、次のような定めがあります。

①通貨払いの原則

賃金は現金で支払わないといけません。売れ残った商品を現物支給することは原則として許されません。また、本人の同意があれば現金を直接渡すのではなく、銀行振込みでもかまいません。

②直接払いの原則

賃金は働いている人に直接支払わなければなりません。未成年であっても、親などがかわりに受け取ることはできません。

③全額支払いの原則

賃金は決められた額を全額支払わなければなりません（分割払いはできない）。また、会社が所得税を預かる源泉徴収など、法律で定められたものは天引きすることが

源泉徴収▶個人の収入から税金に相当する金額をあらかじめ徴収すること。会社員の場合、毎月の給料やボーナスから所得税分を会社が徴収し、本人にかわって納めている。

■給与体系の違い

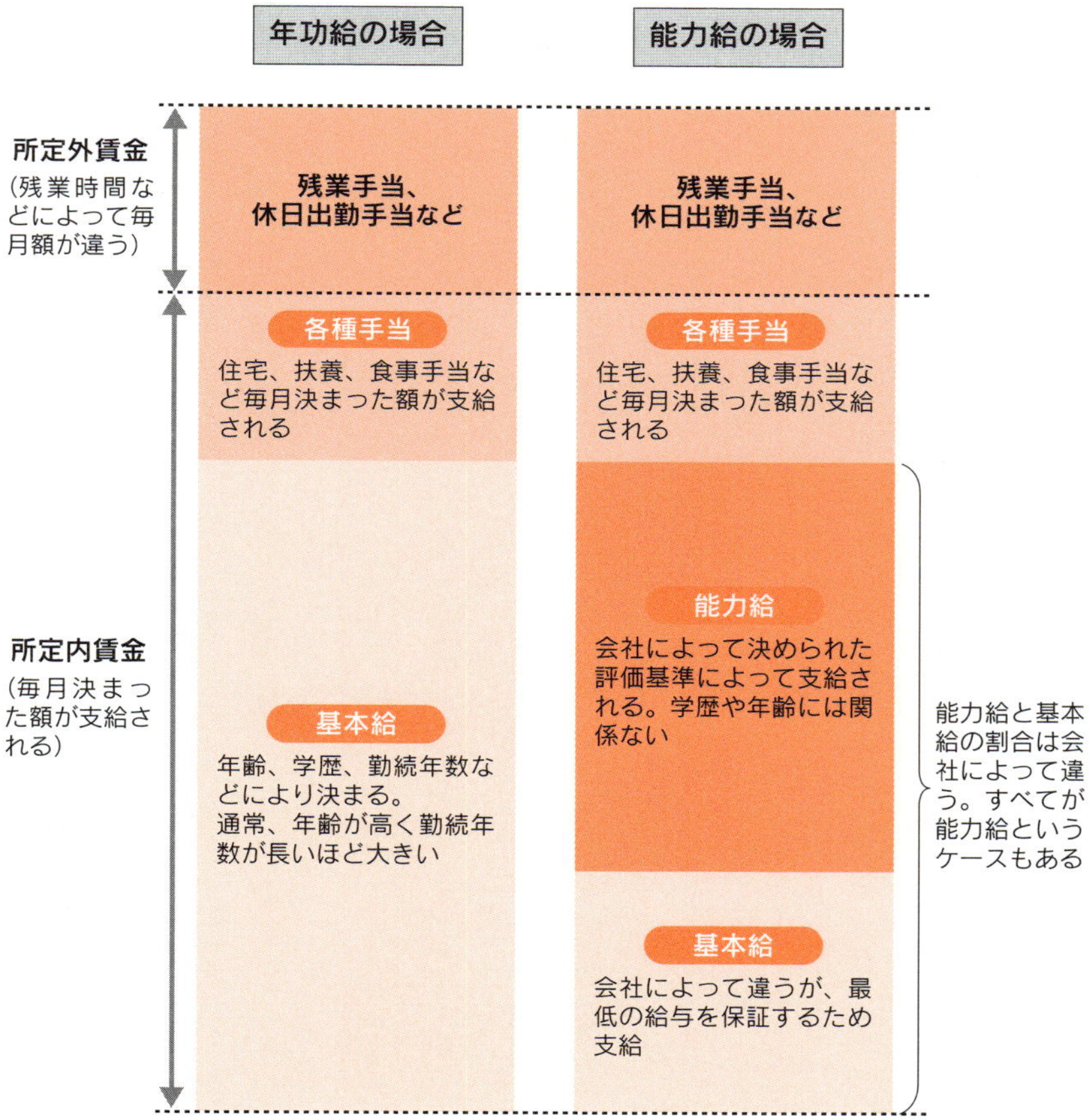
年功給の場合
能力給の場合
所定外賃金
(残業時間などによって毎月額が違う)
残業手当、休日出勤手当など
残業手当、休日出勤手当など
所定内賃金
(毎月決まった額が支給される)
各種手当
住宅、扶養、食事手当など毎月決まった額が支給される
各種手当
住宅、扶養、食事手当など毎月決まった額が支給される
基本給
年齢、学歴、勤続年数などにより決まる。
通常、年齢が高く勤続年数が長いほど大きい
能力給
会社によって決められた評価基準によって支給される。学歴や年齢には関係ない
基本給
会社によって違うが、最低の給与を保証するため支給
能力給と基本給の割合は会社によって違う。すべてが能力給というケースもある

できます。

④毎月1回以上支払いの原則

賃金は毎月1日から月末までの間に、必ず1回以上支払わないといけません。1回以上であれば、1週間に一度でもかまいません。

⑤一定期日支払いの原則

賃金は決まった日に支払わなければなりません。月によって20日払いや月末払いはできません。

05 これまで、そしてこれからの賃金制度

これまでのような全社員一律の賃上げ方法は、だんだん変化してきています。

●定期昇給とベースアップ

終身雇用、年功序列という日本型経営のなかでは、新入社員として入社した同期の社員は、ある年齢までは給料に大きな差はありませんでした。

給料は会社ごとに決められた賃金カーブにそって毎年自動的に上がります（これを定期昇給：定昇という）。また、物価上昇などに対応するため、ベースアップ（いわゆるベア）も行なわれてきました。

つまり、年齢が上がると賃金カーブにそって給料が上がる、ベースアップがあると賃金カーブが上がって給料も上がる、というしくみだったのです。

しかし、近年は会社自体が国際競争などの影響で、競争力をつける必要が出てきました。その結果、年功序列など一律の賃金体系ではなく、従業員の能力によって給料に差をつける能力主義が増えてきました。

さらに、毎月必ず支払わなければならない給与を上げるよりも、業績がよくなった分はボーナスで社員に還元するという考え方が広まってきており、定期昇給やベースアップという制度が見直されつつあります。

●賃上げ交渉も会社ごとに

定期昇給やベースアップは全社員が対象になるため、会社にとっては大きなコストアップになります。

高度経済成長期のように、経済が拡大し会社の業績も右肩上がりでアップしていた時代はよかったのですが、現在は5年先がどうなっているか不透明な時代です。このような状況で、会社としても「今期の業績がいいから給料を上げる」ということには慎重になるのです。

また、同じ業界でも儲かっている会社とそうでない会社があります。そのため、業界単位で賃上げ交渉をしていた「春闘」も、だんだん企業単位で交渉する形に変わってきました。

さらに、労働組合からの会社への要求も一律のベースアップではなく、その会社の事情に応じた賃上げを要求

春闘▶「春季闘争」の略であり、毎年春に労働組合が会社に対して賃上げ交渉などを行なうこと。近年は賃金制度の改革などで意義が薄れつつあり、目的も賃上げから雇用維持などにシフトしている。

賃金カーブとは

賃金カーブは、年功的給与体系における賃金の上がり方を示したもの。通常は50歳くらいから賃金の伸びが止まる。ベアとはベースアップの略であり、物価上昇などを考慮して、賃金カーブ全体を上げること

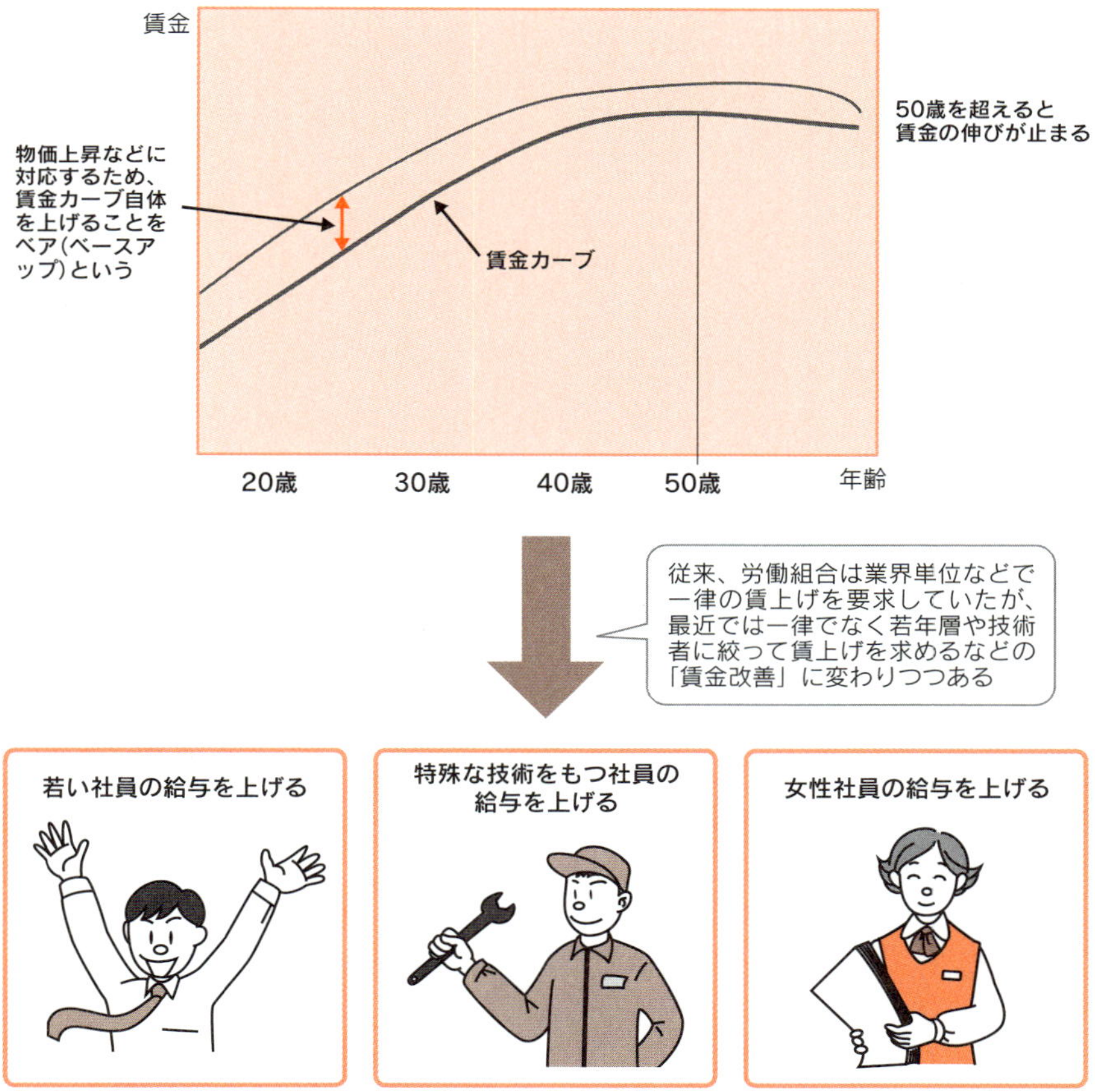
賃金
50歳を超えると
賃金の伸びが止まる
物価上昇などに
対応するため、
賃金カーブ自体
を上げることを
ベア(ベースア
ップ)という
賃金カーブ
20歳
30歳
40歳
50歳
年齢
従来、労働組合は業界単位などで一律の賃上げを要求していたが、最近では一律でなく若年層や技術者に絞って賃上げを求めるなどの「賃金改善」に変わりつつある
若い社員の給与を上げる
特殊な技術をもつ社員の給与を上げる
女性社員の給与を上げる

するようになりました。このような動きを「賃金改善」といっています。たとえば、若い人材が重要な会社では若手の給料を上げて意欲を高める、優秀な技術や技能をもつ人あるいは重要な役職についている人を中心に給料を上げる、などです。

これからは、全社員一律の賃上げから、その会社の状況にあった賃上げ方法に変わっていくでしょう。

06

人事考課とは？

人事考課とは本来、会社が求める人材になってもらうために行なうものです。

●人事考課は単なる査定ではない

プロ野球の選手はシーズン前に目標を立て、その目標を達成するために自主トレやキャンプで練習します。もし目標が達成できなければ、その原因を分析し、来シーズンへの課題として取り組みます。

会社も同じです。ヒトは会社の重要な経営資源です。その資源をうまく活用するためには、まず「どのような人材になってほしいか」という求める人材像をつくります。たとえば「営業を担当してもらい、3年後には地域担当のリーダーになってほしい」といった具合です。

よく人事管理という言葉を聞きますが、人事管理とは、従業員に求める人材像を設定し、それを実現するための管理活動です。そして、求める人材像になってもらうために、能力や業績、情熱などの項目で人事評価を行ないます（評価項目は会社によって違う）。

その評価をもとに、どの部分が欠けているかを明確にして、欠けている部分を補うような指導を行ない、求める人材像に近づけるのです。この、**求める人材になってもらうための活動**が人事考課です。

人事考課というと、昇給やボーナス時の査定というイメージが強いのですが、本来は人材を育てるために行なうものなのです。

●どのような点を評価するのか

人事考課は、従業員の能力や仕事ぶりを評価し、人事管理に役立てるものです。それでは、どのような項目を評価しているのでしょうか。

細かい評価項目は会社によって違いますが、おおむね次のような項目になるでしょう。

①能力評価

知識、知恵、工夫、思考力、行動力など仕事を行なううえでの能力について評価します。数値で表わすことがむずかしいため、決まった評価基準をつくり、それをもとに評価するケースが多いようです。

Key Word

能力主義における評価▶能力主義は、社員のもつ能力を評価して昇給・昇格などを決めるが、その評価基準が明確でかつ透明性がないと不公平感が生まれる。社員が納得する基準づくりが成功させるポイントといえる。

■本来の人事考課の進め方

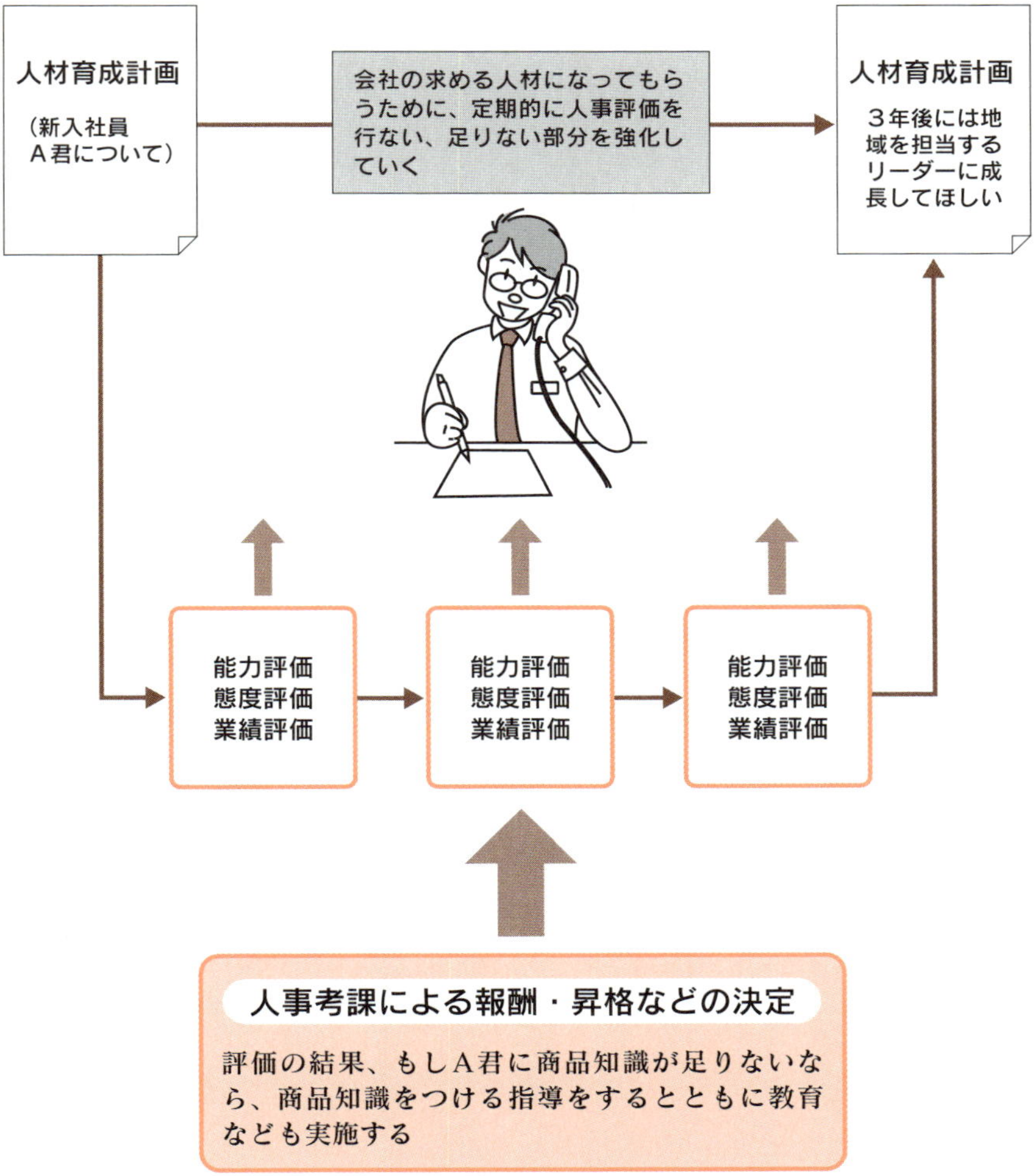
人材育成計画
(新入社員
A君について)
会社の求める人材になってもらうために、定期的に人事評価を行ない、足りない部分を強化していく
人材育成計画
3年後には地域を担当するリーダーに成長してほしい
能力評価
態度評価
業績評価
能力評価
態度評価
業績評価
能力評価
態度評価
業績評価
人事考課による報酬・昇格などの決定
評価の結果、もしA君に商品知識が足りないなら、商品知識をつける指導をするとともに教育なども実施する

②業績評価

一定期間における売上などの数値的な評価と、会社のイメージ・知名度アップへの貢献度などがあります。

③情熱評価

仕事に取り組む姿勢や意欲、責任感、協調性などが評価されます。また、遅刻などの勤務態度も評価に含まれます。

07 福利厚生とは?

レクリエーション的なものだけでなく、各種手当や社会保険への加入などもあります。

●さまざまな手当も福利厚生の一つ

福利厚生とは「福利＝幸福と利益」「厚生＝健康で豊かな生活」を意味します。つまり、会社の福利厚生は、**従業員や家族が安心して働けるような環境をつくる**ということです。

福利厚生というと、社員旅行やソフトボール大会などを思い浮かべるかもしれませんが、こうしたレクリエーションのほかにも、給料に含まれる住宅手当や食事手当なども福利厚生の1つなのです。

会社が海や山に保養施設を借りて、社員が低価格で宿泊できるようにする福利厚生もあります。また福利厚生として、社員が業務中に事故などで死亡した場合、その社員の定年までの給料を毎月家族に支払うという会社もあります。

どのような福利厚生を行なっているかは、会社がどのくらい社員のことを大切に思っているかのバロメータともいえるでしょう。

さらには、社会保険（健康保険、厚生年金保険）や労働保険（雇用保険、労災保険）への加入も福利厚生です。会社は、従業員が支払う保険料の半分以上を負担しなければなりません。

なお、社会保険などへの加入は法律で定められているため**法定福利厚生**と呼ばれ、レクリエーションなどは**法定外福利厚生**と呼ばれます。

●注目されるカフェテリア方式

法定福利厚生は全社員に実施されますが、法定外福利厚生は会社によって内容が違います。また、社員によっても希望するものが違うでしょう。

たとえば、会社でテニスコートを借りて社員に開放するという福利厚生の場合、テニスをしない人にとってはあまり意味がありません。また、全国に営業所がある会社の場合、東京の施設を利用する福利厚生では地方勤務の人は使えません。忘年会も、お酒好きの人はいいです

保険料の会社負担▶法定福利厚生である社会保険の保険料は会社も負担しなければならない。負担割合は健康保険と厚生年金保険が半分、労災保険が全額などとなっている。

が、飲めない人にとっては苦痛かもしれません。

そこで、あらかじめ福利厚生のメニューをいくつか用意しておき、社員が好きなものを選べるようにする「カフェテリア方式」が注目を集めています。

カフェテリア方式では、社員にポイントを与えて、そのポイントの範囲内で好きなサービスを選べるようにしています。たとえば、社員にポイントを100点与え、テニスコートを1回使えば3点などサービスを使った分だけポイントが減っていくのです。

このような方式であれば、自分の好きなものを選べるため社員の満足度も高くなるでしょう。

福利厚生（法定外）の例

忘年会やパーティ

ハイキングなどの野外活動

社員食堂や食事手当

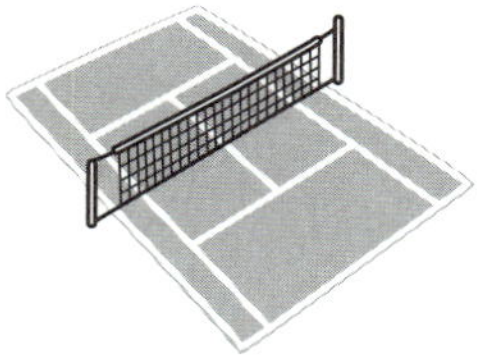
テニスコートや保養所の利用

社員寮や社宅

社員旅行

結婚祝いや出産祝い

カウンセリングや健康相談

医務室や病院

08

残業と有給休暇

決められた勤務時間を超えて働かせると、会社は割増賃金を支払わなければなりません。

●残業したら割増賃金が発生する

会社では「今日はちょっと残業してくれないか」と上司にいわれて残業することは、よくある話です。しかし、実は上司にいわれたからといって、必ず残業しなければならないということはないのです。

110ページでも説明したように、労働時間は労働基準法によって1日8時間、週40時間を超えてはならないと定められています。残業はこの制限を超えて働くことになりますので、原則としては認められません。

ただし、会社も忙しいときは余分に働いてほしいものです。そこで、労働組合（あるいは社員の過半数を代表する人）と「必要に応じて残業してもいい」という労働協約（協定）を結べば、社員に残業をさせてもよいことになっています。

この協約は、労働基準法の36条にもとづいて結ばれるため、通称**36協定（さぶろく協定）**と呼ばれます。

社員に残業をさせた場合、会社は図にあるような時間外の割増賃金を支払わなければなりません。

●有給休暇についても法律で定められている

労働基準法では、社員が仕事をする場合の休憩時間についても定めがあります。

たとえば「6時間以上働く場合は最低45分の休憩を与える」、また「8時間を超える場合は最低1時間の休憩を与える」必要があります（昼休みが1時間あるのは、この規定のため）。

休日については、法定休日として1週間に1回、必ず休日を与えなければならないと定められています。ただし、休日は必ずしも日曜日でなくてもかまいません（定休日が水曜日のお店であれば水曜日でもいい）。

週休二日制の会社が土曜日を休日にしたり、会社の創立記念日などを休日にしたりするのは「法定外休日」といい、それぞれの会社が自由に決めた休日です。

このような休日のほかに、有給休暇というものがあり

サービス残業▶会社が時間外手当を払わずに残業させること。これは、もちろん労働基準法に違反しているが、現実にはサービス残業をさせる会社は多く、社会問題にもなっている。

ます。労働基準法では、6か月以上勤務し、そのうち80%以上出勤した社員に対しては有給休暇を10日与えるように定めています（これは最低条件なので10日以上与えてもかまわない）。

有給休暇は「有給」であり、休んでも欠勤として扱われません。

■割増賃金の規定

（2009年8月現在）

時間帯	割増率
時間外労働	2割5分以上（※）
休日労働	3割5分以上
時間外労働が深夜の時間帯におよんだ場合	5割以上
休日労働が深夜の時間帯におよんだ場合	6割以上

割増賃金とは、1日の勤務時間を超えて働く場合（いわゆる残業）や、22時以降に働く深夜労働の場合に支払われる。さらに平日と休日では割増率が変わる

※2010年４月から時間外労働60時間超の場合は５割以上。ただし中小企業には猶予措置あり

■労働協約の例

- 賃金規定、労働時間、時間外労働をさせる理由、割増賃金額など
- 職種、職場など労働の種類や形態など
- 解雇、退職の条件など労働契約を終了させる基準など
- 採用、昇格、降格、配置転換、解雇などの基準
- 福利厚生の内容、教育訓練内容、安全衛生や業務上の災害補償などに関すること
- 組合員の範囲や地位、団体交渉の条件、手続き、その内容など

労働協約は、労働組合（あるいは社員を代表するもの）と会社が話し合って個別に決めるものである。会社が一方的に作成した就業規則よりも優先される

09

さまざまな休暇制度

育児休暇や介護休暇などのほかにも、会社にはさまざまな休暇制度があります。

●育児と介護のための休暇制度

小さな子供がいたり、介護の必要がある家族がいる場合、なかなか会社で働くのはむずかしいものです。このような状況にある人が、子育てや介護と仕事の両立を図ることができるようにするために１９９２年、**育児介護休業法**という法律が制定され、育児休暇（休業）制度と介護休暇（休業）制度が創設されました。

近年では、少子化による若年人口の減少によって働き手が少なくなっています。会社で働いている人のなかにも、子供が生まれたり、家族の介護をしなければならないケースも出てくるでしょう。

その場合、育児や介護のために社員が会社を辞めてしまうと、会社としても優秀な人材を失うことになります。そこで、会社も育児休暇制度や介護休暇制度を取り入れて、社員が安心して働ける環境をつくろうとしています。

なお、一般にこれらの休暇をとるのは女性が多いと思われがちですが、どちらの休暇も男女ともに認められています。

●ほかにもさまざまな休暇制度がある

会社では、ほかにも次のような休暇を与えるケースがあります。ただし、これらの休暇は法定外休暇であり、会社が自由に決めることができるため、休暇の日数や有給にするかなどは会社によってさまざまです。

①リフレッシュ休暇

入社して20年など一定の年数を勤務した社員を対象に、１か月程度の長期休暇を与えるものです。リフレッシュ休暇を利用して旅行をしたり、趣味に打ち込んだり、仕事とは違う分野の勉強をするなど、休暇の内容は人により違いますが、心身ともにリフレッシュし、さらに仕事を頑張ってもらうのが目的です。

②慶弔休暇

本人の結婚や身内の葬儀などのための休暇です。葬儀などは本人との関係（親、兄弟、親戚など）により日数

ボランティア休暇▶ボランティア活動のために社員に有給休暇を与える制度で、1990年に富士ゼロックスがはじめて導入したといわれる。最近は、一定期間、連続して休暇を取得する「ボランティア休職」を導入する会社もある。

が違うことがあります。

③夏季休暇・ボランティア休暇

夏期休暇は、いわゆる「夏休み」です。また、社会貢献のため休日以外に社員がボランティア活動をする場合に休暇を与える会社もあります。

■育児・介護休暇とは

・育児休暇制度

定義	原則として労働者の１歳に満たない子を育児・養育するため
対象労働者	・その会社で働く労働者（日々雇用を除く） ・期間雇用者は、同じ会社で１年以上働いている、子供が１歳になってからも最低１年間同じ会社で働くなどの条件があれば対象となる ・労使協定では、働いてまだ１年経過していない労働者や、妻や夫が育児できる労働者は対象外にできる
対象となる家族の範囲	・労働者の子供
回数・期間	・子供１人につき、１回 ・原則として子が１歳に達するまでの連続した期間
手続き	・書面で会社に申し出る ・申出期間は休業の１か月前まで ・出産予定日前に出生したなどの場合は、１回に限り開始予定日の繰上げが可能

（注）子供が１歳半までの休業が認められることもある

・介護休暇制度

定義	労働者が要介護状態にある対象家族を介護するため
対象労働者	・その会社で働く労働者（日々雇用を除く） ・期間雇用者は、同じ会社で１年以上働いている、介護休業を開始してから93日までに退職しないなどの条件があれば対象となる ・労使協定では、93日以内に会社を辞める労働者や、働く日数が週２日以下の労働者は対象外にできる
対象となる家族の範囲	・配偶者、父親、母親、子供、同居しかつ扶養している祖父母など
回数・期間	・対象家族１人につき、要介護状態になるごとに１回 ・対象家族１人につき原則として通算93日まで
手続き	・書面で会社に申し出る ・申出期間は休業の２週間前まで ・２週間前までに申し出れば、93日の範囲内で１回に限り終了予定日の繰下げが可能

10

定年と退職金

熟年者の必要性や働き手の減少などから定年を延長する会社が増えています。

●定年とは？

定年とは、一定の年齢になったら会社を退職する制度です。「高年齢者等の雇用の安定等に関する法律」では、定年は60歳未満にしてはしけないと定められています。ただし、2004年の改正で、会社は①定年年齢を65歳まで引き上げる（定年延長）、②定年が現在のままであれば、労働者が希望すれば定年後も引き続いて雇用する継続雇用制度を採用する、③定年制度を廃止する、のいずれかを選択することが義務づけられています。

また最近の傾向として、少子高齢化の影響で若い従業員が減ってきました。一方、工場などの現場では、熟年技能労働者がまだまだ必要です。そのため、定年を60歳以上にしたり、熟年労働者を継続雇用して若い人へ技術や技能を伝えようとする会社が増えています。

実際にも、60歳でもまだまだ働ける人が増えていますし、今後は定年を延長する会社がさらに増えてくるでしょう。

●役職定年制度・選択定年制度

定年を延長する会社がある一方で、一定の年齢に達したら部長や課長などの役職を離れるという制度を導入している会社もあります。この**役職定年制度**により、次の世代の社員を役職につけて組織の若返りを図ろうという狙いです。

選択定年制度は、定年年齢になる前に、退職金の上積みなどの優遇措置をとり、中高齢者の退職を促進する制度です。人員削減などに利用されることがありますが、退職する人のなかには、自分で事業をはじめたり、得意分野を活かして別の会社に再就職するなど、第二の人生を歩む人も多くいます。

役職定年制度、選択定年制度とも55～58歳くらいの年齢の社員を対象にしているケースが多いようです。

●退職金制度

日本では、会社を辞める社員に退職金を払う会社が多

継続雇用制度▶現在、会社で働いている労働者を定年以降も継続して雇用する制度。定年後もそのまま雇用する「勤務延長制度」と、定年に達した時点で退職扱いにし、その後再び雇用する「再雇用制度」がある。

いろいろな退職金の計算方法

基本給をベースとした計算方法

退職金額＝退職時の基本給×勤続年数に応じた係数×退職事由係数

わかりやすい計算方法だが、退職時の基本給がいくらになっているかわからないため、社員は「受け取れる金額がわからない」、会社は「いくら支払うかわからない」というデメリットがある

定額制をベースとした計算方法

退職金額＝勤続年数ごとの退職金×退職事由係数

勤続10年で100万円、20年で500万円、30年で1000万円など勤続年数ごとに退職金を決める方法。退職時にいくらもらえるか（あるいはいくら支払うか）が明確になるが、会社への貢献度が考慮されていない

ポイントをベースとした計算方法

退職金額＝
（勤続ポイント＋等級ポイント）×ポイント単価×退職事由係数

勤続年数だけでなく、会社への貢献度を加味した計算方法。ただし、等級制度の運用条件をしっかり決めなければ、不満が出る可能性がある

※退職事由＝自己都合（自分の意思で辞める）、会社都合（会社から辞めてほしいといわれる、あるいは定年退職する）の２つがある。通常は会社都合のほうが自己都合の場合より退職金は高い

いようですが、退職金は法律で定められたものでなく、払うか払わないかは会社の自由です。

退職金制度は、就業規則に退職金の計算方法や支払時期などを記載することにより実施されます。これまでは、退職時の基本給に勤続年数などの係数をかけて退職金を計算しているケースが多かったのですが、勤続年数が長くなるほど金額が大きくなります。

そのため、最近では勤続年数のほかに、役職、等級など複数の要因にポイントをつけて、ポイントの累計で退職金を計算する「ポイント制退職金制度」を導入する会社も増えています。

11 労働組合の役割

立場の弱い従業員が集まり、従業員の利益のために会社側と交渉します。

●従業員の代表として会社と交渉する

あなたがケガをする危険性の高い道具を使う工場で働いているとします。あなたは経営者に「もう少し安全な環境にしてください」と要求しましたが、経営者は「それには費用がかかるから」「イヤなら辞めてもいいよ」と相手にしてくれません。会社を辞めても就職先がみつかりそうにないので、あなたは我慢して危険な仕事を続けることにしました――。

これは極端な例ですが、ありえない話でもありません。また、同じことを思っていても口に出せない従業員がいるかもしれません。

このようなときは、1人ではなく工場で働く全従業員がまとまって経営者と交渉すれば、状況は改善されたかもしれません。また、そうすれば口に出せない人の気持ちを代弁することにもなります。

このように、会社で働く従業員が集まって、経営側とさまざまな問題について交渉しようとするのが労働組合です。労働組合は、1人ひとりでは弱い立場の従業員にかわって、**従業員の利益のために経営者と交渉**します。

●法律で認められた権利である

憲法28条には「勤労者の団結する権利および団体交渉その他の団体行動をする権利は、これを保障する」という条文があります。これは労働者の「団結権」「団体交渉権」「争議権」という3つの権利（労働3権）を保障するものです。そして、この権利を具体的に定めたのが労働組合法という法律であり、労働組合はこの法律により認められています。

労働組合は、一般的に次のような事項について、従業員の意見をまとめて会社と交渉します。

①賃上げや賞与などの賃金に関する交渉
②安全性の確保など職場環境の改善に関する交渉
③福利厚生など従業員の待遇に関する交渉
④その他、従業員が仕事上で抱える問題点の改善

Key Word **ストライキ**▶労働者が仕事を行なわずに経営者などに抗議すること。労働争議権として法律でも認められている。ただし、近年は労働者の意識や社会情勢の変化で少なくなっている。

■労働組合の役割とは

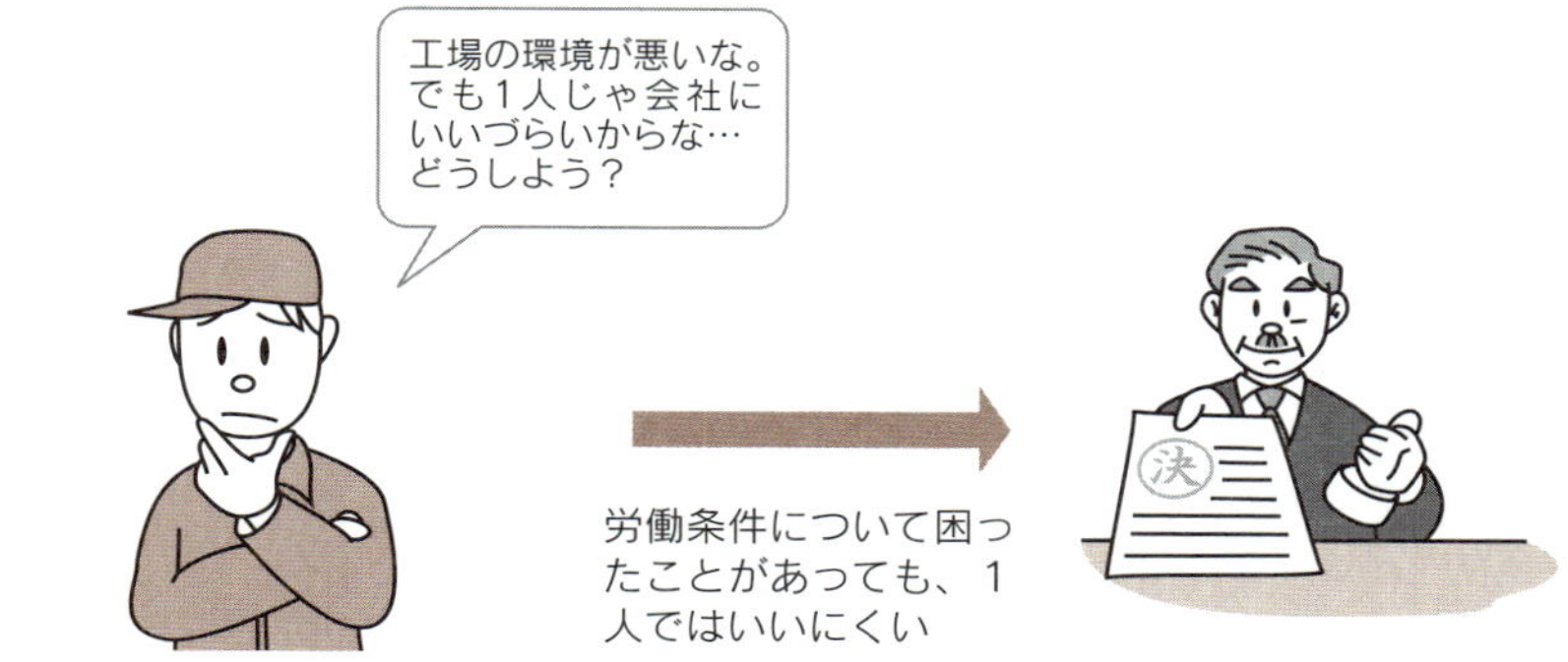
工場の環境が悪いな。でも1人じゃ会社にいいづらいからな…どうしよう？
決
労働条件について困ったことがあっても、1人ではいいにくい

工場の環境が悪いな。みんなで団結して会社と交渉しよう！我々を代表する人を選んで、その人に交渉を頼もう
決
労働者が団結すれば会社と交渉できる

労働者には「団結権」「団体交渉権」「争議権」が認められており、労働組合をつくり会社と労働条件について交渉することができる。労働組合は、労働者を代表して会社と交渉する役割をもつ

12

女性にとっての労働環境

女性が働きやすい環境をつくることが社会的にも求められています。

●いったん辞めると再就職がむずかしい

Aさんは大学を卒業して就職しましたが、数年後に結婚して退職しました。結婚生活が落ち着いたらまた働こうと思っていましたが、子供ができて育児に追われ、なかなか働けません。ようやく子供が大きくなり手がかからなくなったので、また働こうと思っています――。

このような女性は多いと思いますが、なかなか再就職できないのが現状ではないでしょうか。これは次ページのグラフにも表われています。

グラフをみると、30代から40代付近の人数が少なく英語の「M」のような形をしています。これを「M字カーブ」と呼び、女性の就業状況を示しています。

また、29歳くらいまでは正社員が多いのですが、30代を超えるとパートが多くなります。つまり、いったん会社を辞めてしまうと、女性が正社員として働くのはむずかしくなってしまうのです。

●女性の働く環境も改善されてきた

このように、女性にとっての働く環境は決してよいとはいえませんが、近年は、女性を取り巻く環境も改善されつつあります。改善点として、次のようなことが挙げられるでしょう。

①男女雇用機会均等法の施行

性別により、採用や昇給・昇格などを差別してはいけないなどが規定された法律で、１９８５年に施行されました。違反した会社は、会社名を公表されるなどの措置がとられます。

ただし、制裁措置が軽いため厳密には守られていないケースもあり、違反した会社には刑事罰を与えるべきだという意見もあります。

②育児休暇・介護休暇制度の普及

育児介護休業法により、出産で職場を離れても、また仕事につくことができるようになりました。女性を重要な戦力と考える会社も多くなっていますので、女性の職

Key Word

女性の管理職▶男女雇用機会均等法が施行されてから労働力として女性を活用する会社は増え、それにつれて女性管理職も増えている。しかし、先進国のなかでみると、その比率はまだまだ低いのが現状である。

場復帰は今後も増えるでしょう。

③パートタイマーの正社員化

能力のある、あるいは勤務年数の長いパートタイマーを正社員として採用する会社も出てきました。ベテランのパートタイマーは新入社員よりも即戦力になるので、大手小売業などを中心に、パート社員を店長へ育成するなどの取り組みが増えています。

■男女雇用機会均等法の内容

働く条件や職種などで男女の差別をしない	労働時間や職種について、女性（男性）だからといって差別的な扱いをすることは禁じられている。もし違反して改善しない場合は企業名が公表される
配置・昇進・教育訓練において男女の差別はしない	女性（男性）だからといって課長になれなかったり、社内教育、社外セミナーなどを受けさせない、特定の部署に配置するということは禁じられている
募集・採用において男女の差別をしない	「男性（女性）に限る」という募集をしたり、女性（男性）だからといって採用しないことは禁じられている。ただし特定の職種については、男性（女性）のみでも可能である
女性の働く環境に対して配慮する	女性（男性）に対するセクシャル・ハラスメントなどを行なってはいけない。会社はこのようなことがないよう働く環境について十分配慮する必要がある
妊娠中及び出産後の健康管理に留意しなければならない	妊娠中や出産後の女性について、保険指導や健康診断を受ける時間をつくるように留意する必要がある

■女性の年齢階級別にみた労働力率

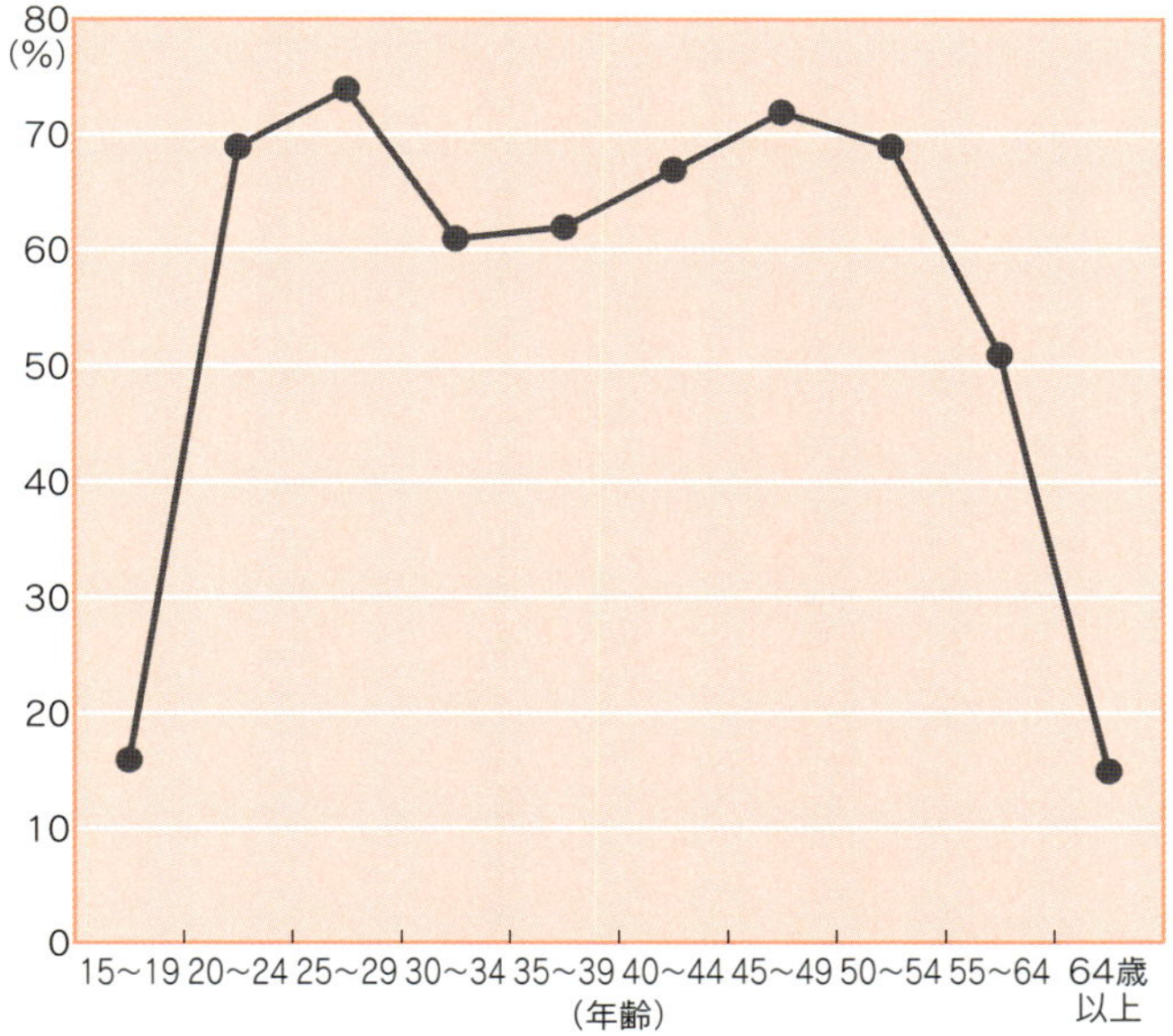

厚生労働省『平成16年版　働く女性の実情』より作成

13

社会保険制度とは？

だれもが安心して働くことができるよう、労働者の生活を守るための制度です。

たとえば、病気になったりケガをしたときの治療費の自己負担が小さい、定年で退職したあとに年金をもらえる、会社を辞めても一定期間は生活費がもらえる……。このような制度があれば、労働者は安心して働くことができます。

社会保険制度とは、国の管理のもと、まさにこのようなシステムを実現しようとする制度です。

働く人たちの生活と人生の安定を守る社会保険制度には、次のようなものがあります。

①健康保険

会社単独の、あるいは複数の会社が集まってつくった健康保険組合の保険に加入することで、従業員の医療費負担が軽くなります。また、保険組合で保養施設をもっていて組合員に低額で提供するなど、保険以外のサービスを行なっているところもあります。

会社に保険がなく、保険組合にも加入していない場合は、社会保険庁が行なう健康保険に加入します。

②厚生年金保険

会社で働く人が、定年後あるいは定年前に障害などで働けなくなったとき、また本人が死亡してしまったときの遺族に対して年金や手当を支給し、労働者とその家族の生活を守るための制度です。

③雇用保険

会社で働く人が、なんらかの理由で会社を辞めた場合、次の会社へ再就職するまでの間の生活を安定させるためにお金が支給される制度です。雇用保険は、再就職することが前提ですので、再就職するつもりがない場合には支給されません。

支給額は、辞める前の会社でもらっていた給料の6～8割程度で、年齢や働いていた期間に応じて90～360日間支払われます。

④労災保険

自動車を買うと、必ず自賠責保険に入らないといけません。これは、交通事故が起こったときに被害者を助け

雇用保険の受給要件▶雇用保険の受給対象となるためには「再就職しようとする意思」が必要だ。具体的には、求人へ応募する、ハローワークなどの職業相談などを受ける、といった求職活動を行なっていることが要件となる。

■社会保険の内容

※共済組合は2015年10月に厚生年金に統合される予定

健康保険関連	組合健康保険	大手企業、あるいは企業グループ、業界単位などでつくられる保険組合が運営する保険制度
健康保険関連	協会けんぽ	保険組合がつくれない中小企業などの従業員が加入する保険制度。全国健康保険協会が運営する
健康保険関連	船員保険	船員が加入する保険制度。社会保険庁が運営し、労災保険、雇用保険も含んでいる
健康保険関連	共済組合※	国家公務員、地方公務員、日本郵政公社などの職員が加入する保険制度。年金制度も含んでいる
健康保険関連	国民健康保険	上記に属さない自営業者などが加入する保険制度
年金保険関連	厚生年金保険	一般の会社員が加入する年金制度。基礎年金である国民年金と厚生年金の2階立てになっている
年金保険関連	共済組合※	国家公務員、地方公務員、郵便公社などの職員が加入する保険制度であり、健康保険も含んでいる
雇用保険		失業したとき、教育訓練に必要な研修などを受講するとき、育児・介護休業を取るときなどに保険金が支払われる。従業員と会社が折半して保険料を負担する
労災保険		正式には、労働者災害補償保険という。従業員が仕事上で事故にあいケガをしたり、病気になったときに保険金が支払われる。会社が保険料を負担する

るための保険です。同様に、会社で働く人も、いつ仕事中に事故にあうかわかりません。そのため、会社は必ず労災保険に入ることが義務づけられています。

労災保険は、事故の責任がだれにあろうと、本人や遺族に支払われます。

いまや転職はめずらしくない

就職した会社の雰囲気や仕事の内容が自分に合わない、地方から東京の会社に就職したが家庭の事情で地元に帰らないといけない、もっと自分の能力を発揮できる会社に移りたい……など、転職する動機は人によりさまざまでしょう。

終身雇用が当たり前だった時代には、転職するのは特別なケースと思われていました。しかし、現在ではめずらしい話ではありません。転職を仲介する会社もあるくらいです。

ただし、転職にもメリットとデメリットがあります。

自分に合った会社、自分に合った仕事にめぐりあえる可能性もあるでしょうし、新しいスキルを身につけキャリアアップにつながるかもしれません。また、給料が上がるケースもあるでしょう。

一方で、自分の望むような会社に転職できるとは限りませんし、人間関係も一からつくる必要があります。給料が上がるとも限りません。とくに年齢が高くなると、希望どおりの会社に転職するのはむずかしくなってきます。

なお、転職する場合は、ハローワーク（公共職業安定所）に登録する、新聞の求人広告や求人誌をみて応募する、転職を仲介する会社に登録する、などの方法があります。エンジニアなど専門的な技術や知識をもった人なら、転職を仲介する会社を利用するのがいいようです。

また、転職する際は、なにか資格をもっていると有利になることがあります。ただし、資格はあくまで資格であり、その人の実力ではありません。希望どおりの転職を実現するためには、自分の価値を高めるために、しっかり実力をつけることが重要だといえるでしょう。

第6章

会社の数字について知ろう

01 会社に入ってくるお金、出ていくお金

会社には、本業には関係のないお金の出入りも多くあります。

●本業以外にも収入はある

小売業であれ製造業であれ、会社はモノを売ることで（サービス業はサービスの提供で）お金を儲けています。

スーパーや百貨店のような小売業の場合、商品を売った時点でお金が入ります。これを「現金商売」といいます。消費者にモノを売るケースでは、多くはこの現金商売になるでしょう。

一方、会社相手に売る場合は「掛売り」のケースが多くなります。つまり、商品を売ったあとに請求書を相手に送り、相手は銀行振込みで代金を支払います。よく「締め日」という言葉を聞きますが、これは請求書受付の締切日のことです。たとえば、A社の締め日が「毎月20日締めの翌月末払い」とします。その場合、毎月20日までに届いた請求書に対して、翌月の月末に銀行振込みするということです。

また、手形というものもあります。これは、商品などを購入したときにお金のかわりに「約束手形」というものを相手に渡し、「3か月後に必ず代金を払います」と約束するものです。相手が3か月後に手形をもって銀行に行くと、手形に書かれた金額を引き出すことができます。

会社には、商品やサービス提供した代金（売上）のほかにも、いろいろと入ってくるお金（収入）があります。他社の株をもっていれば配当が、その株を売れば売却金が入ってきます。また、会社が所有する機械や土地を売ったときも会社にはお金が入ってきます。

このように、会社に入ってくるお金には、**本業から入るお金と本業以外から入るお金**があります。

●会社の経営にはお金がかかる

小売業では、商品を仕入れるためにお金が必要です。製造業の場合は、製品をつくるための材料や部品を購入するためのお金が必要です。

また、会社で働く従業員の給料やボーナスなど人件費

Key Word

手形のサイト▶手形の振出日から支払期日までの期間のこと。サイトが長いと、受け取るほうは不渡の危険性が高くなるが、振り出す会社はサイトが長いほど資金繰りがラクになる。

がかかります。さらに、商品などの宣伝のためには広告宣伝費もかかります。

ほかにも、オフィスを借りていれば賃料が、新幹線で出張すれば交通費がかかりますし、借金があれば利息を払わなければなりません。

このように、会社を経営していくなかでは、さまざまな種類の出費があるのです。

■会社に入ってくるお金と出ていくお金

入ってくるお金

＜本業で入ってくるお金＞

・商品の売上代金（現金）
・商品の売上代金（掛売り）
・商品の売上代金（手形）
・メーカーなどからのリベート

など

＜本業以外で入ってくるお金＞

・株などの有価証券の売却代金
・土地や建物の売却代金、賃貸料
・預金の利息
・株の配当金

など

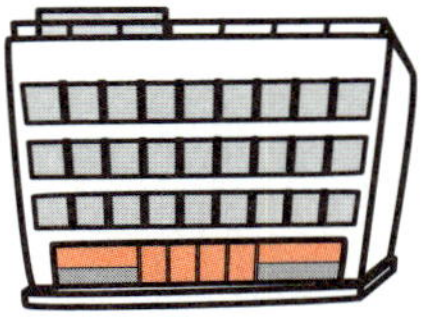

出ていくお金

＜本業で出ていくお金＞

・商品の仕入代金（現金）
・商品の仕入代金（買掛）
・商品の仕入代金（手形）
・原材料の購入費（製造業の場合）
・オフィスなどの賃貸料
・社員の給料やボーナス
・電気、ガス、水道光熱費
・出張時の旅費、宿泊費
・広告宣伝費

など

＜本業以外で出ていくお金＞

・得意先の接待費
・福利厚生費（社会保険費）
・法定外福利厚生費（社員旅行など）
・株などの有価証券購入費
・土地や建物の購入費
・借入利息
・為替差損益（円をドルに換えたときの差額）

など

出ていくお金より入ってくるお金のほうが多い場合は、利益が出ている（いわゆる黒字）。その逆の場合は損をしている（いわゆる赤字）。

02

売上と利益の違い

売上から仕入などに使った金額（原価）を引いたものが利益です。

●同じ売上でも利益は違う

あなたが八百屋さんだとします。今日は大根がたくさん売れました。1本１００円の大根が１００本売れたので、今日の売上は1万円です。

しかし、この1万円がそっくりあなたのものになるわけではありません。大根は市場で1本70円で仕入れているので、1本売れれば儲けは30円です。ですから、今日のあなたの儲けは30円×１００本で３０００円となります。これが利益です。

ちなみに、あなたの店の隣には友人のB君が宝石店を営んでいます。B君のお店は、それほどお客さんが入っていません。どうやら月に10人程度です。月にたった10人程度のお客さんで儲かるのでしょうか。

宝石の場合は、1個が１００万円するものもあります。仕入値が40万円なら60万円の利益です。毎日たくさんのお客さんが来なくても、月に１００万円の宝石が1個売れれば、大根2万本分の利益に相当するのです。

八百屋さんなどは、１つひとつの商品の利益は少ないですが、多く売ることにより最終的な利益を多くします（これを薄利多売という）。一方、宝石店など高価な商品を売る店は、１つの商品の利益が大きいので多くの商品を売る必要がないのです。

また、大根の売上と宝石の売上が同じ１００万円だったとします。しかし、利益でみると、大根の場合は30万円ですが、宝石の場合は60万円になります。このように、商品の原価の違いによって、売上が同じでも利益は大きく差が出てきます。これを商品の利益率といいます。

●トータルの儲けは利益率と売れ行きでみる

会社は、売上も大切ですが、利益（儲け）を多くすることがもっと大切です。そのためには、利益率の低い商品をたくさん売るか、利益率の高い商品に絞って売るかのどちらかになります。

コンビニやスーパーマーケットは、利益率の低い日

商品回転率▶商品が順調に売れているかどうかをみる指標。通常、宝石など利益率の高い商品は回転率が低くてもよいが、日用品など利益率が低い商品は回転率を高くして利益を確保する。

■売上から原価を引いたものが利益

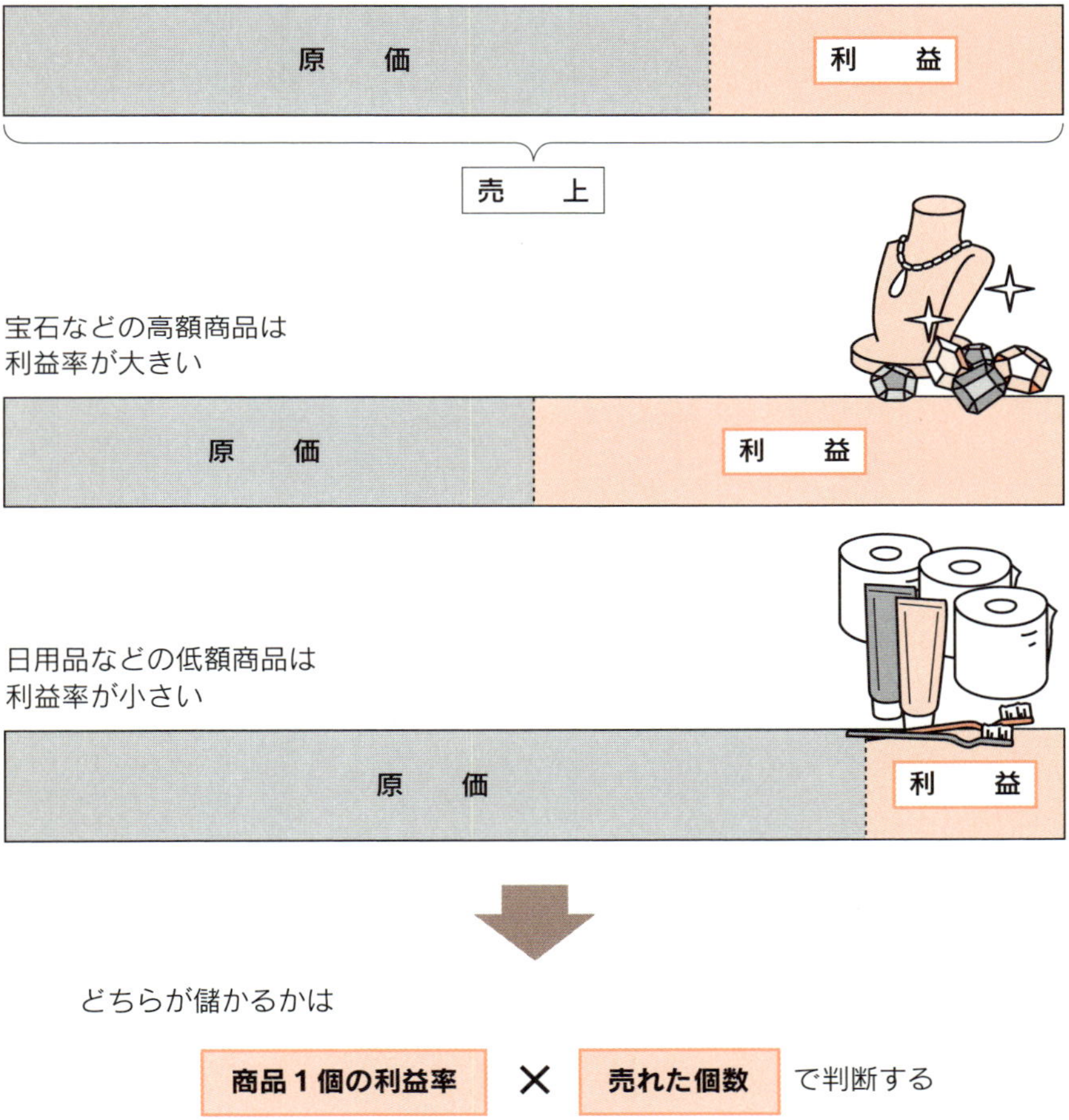
原　　価
利　　益
売　　上
宝石などの高額商品は
利益率が大きい
原　　価
利　　益
日用品などの低額商品は
利益率が小さい
原　　価
利　　益
どちらが儲かるかは
商品１個の利益率
×
売れた個数
で判断する

用商品をたくさん売ります。土地やマンションなどを販売する会社は、販売数は少ないですが利益が大きくなります。

　どちらが儲かるかは簡単にはわかりませんが、商品1個の利益（売値－原価）と商品の売れ行きを考えて判断することになります。

03

利益にもいろいろある

会社には、違った意味をもつ５つの利益があります。

●経費は段階的に引いていく

たとえば、商品を１００万円で仕入れて３００万円で売りました。２００万円の利益です。それでは、この２００万円は、そっくりそのまま会社のものになるでしょうか?

商品は従業員が仕入れました。商品を注文するのに電話も使います。さらに、商品を保管しておく倉庫も使います。このように、１つの商品を売るためには、仕入だけでなくいろいろなお金が必要になります。

３００万円の商品を売るために必要な人件費が10万円、電話代が１０００円、倉庫代が5万円とします。すると、３００万円の売上のために必要な経費は仕入れ原価も含めると１１５万１０００円となり、利益は１８４万９０００円となります。

このように、会社の利益は、売上からさまざまな必要経費を引いて計算します。ただし、経費をすべて一度に売上から引いてしまうと、経営分析がやりにくいうえ経営管理もできないため、５つの段階に分けて、それぞれの段階で利益を計算し管理するのです。

●会社の５つの利益

まず、商品を１００万円で仕入れて３００万円で売ったときの利益である２００万円は**売上総利益（粗利益）**といいます。この売上総利益が少ないと、いくらコスト削減をしても儲かりません。

次に、人件費や通信費、光熱費、オフィス賃借料など商品の販売に必要となる費用が50万円だとすると、売上総利益の２００万円から50万円を引きます。この１５０万円が**営業利益**になります。営業利益は、本業が儲かっているかどうかのバロメーターになります。

さらに、銀行からの借金の利息を5万円払ったとします。また、会社がもっている株で50万円儲けたとします。すると、本業以外で45万円の儲けがあったわけです。これと営業利益の１５０万円をたした１９５万円が**経常利**

営業外損益▶株の売却益や配当、受取利息など本業以外での儲けを営業外収入という。反対に、株の売却損や支払利息、商品などの評価損など本業以外での損失を営業外費用という。

会社の５つの利益

売上高			1,000,000	
原材料等		600,000		
	①売上総利益		400,000	売上から材料などの仕入代金を引いたものが売上総利益（粗利）。この利益が少ないと最終的な利益を出すのが大変になる
販売管理費		200,000		
	②営業利益		200,000	売上総利益から販売などに必要な費用を引いたものが営業利益。本業の儲けを表わすこの利益が大きいと、儲かっている会社だといえる
営業外収益			100,000	
営業外費用		50,000		
	③経常利益		250,000	営業利益から借入金の金利などを引いて、受取利息などを加えたものが経常利益。この利益が大きい会社はよい会社
特別損益			50,000	経常利益から、特別に入ったお金（土地を売ったなど）をたして、特別に出たお金（工場が火事になった損失など）を引いたあとの利益。経常利益が低くても土地を売れば、この利益が大きくなる。その場合、会社の実力でなく、たまたまその年だけ利益が出ていることになる
	④税引前当期純利益		300,000	
法人税等		50,000		
	⑤当期純利益		250,000	税引前当期利益から法人税などを引いたものが当期純利益です。このお金は会社が自由に使える

益になります。経常利益は、会社経営のトータルの儲けを示す利益だといえます。

　たまたま、工場でボヤがあり大事な商品が30万円分焼失したとします。その場合、経常利益から焼失した分だけ引きます。その１６５万円が**税引前当期純利益**になります。さらに、ここから法人税を引いたものが**当期純利益**になります。

　この当期純利益が最終的な会社の利益になるのです。

04

決算とは?

1年間の会社経営の総まとめが決算であり、決算書という会社の成績表をつくります。

●事業年度の総まとめが決算

お店では「先月は儲かったけど、今月はダメだったな」とか「今年は冷夏だったので夏物衣料が不振だった」という話をよく聞きます。会社では、先月は利益が出たのに今月は出なかったということは、よくあることです。

それでは、会社が儲かったか損をしたかは、いつわかるのでしょうか。

会社には、必ず**事業年度**というものがあります。期間は通常1年で、4月1日から3月31日を事業年度としている会社が多くあります。

この事業年度が終了したら、会社は**決算**をしなければなりません。決算とは、1年間の事業年度のなかで、儲かったか損をしたかを明らかにするのです。

つまり、毎月の利益や損失を加算していき、1年間の利益を計算するのです。そして、決算書を作成して株主総会で承認を得なければなりません。

ちなみに、決算書は事業年度終了後2か月以内に作成する必要があります(3月末決算の場合は5月末まで)。決算書ができてから株主総会を開くので、6月は株主総会がよく開かれるのです。

●2つの決算書

決算によって作成される主な決算書には、1年間の利益状況を示す**損益計算書**と、決算時点の資産内容を示す**貸借対照表**の2つがあります。

損益計算書には売上や費用、利益が記載されており、損をした場合は利益はマイナスとして記載されます。貸借対照表には、借りているお金などの「負債」と、もっている現金、不動産などの「資産」が記載されます。

たとえば、あなたが100万円の元手で商売をはじめたとします。半年後には売上は500万円あったので、80万円で自動車を買いました。そして、残りの半年でさらに600万円の売上があり、1年間の利益は300万円になりました。

事業年度▶会社が決算を行なうための会計上の期間で、４月１日～３月31日とする会社が多い。また、期間は１年間が一般的だが、事業年度の変更など特殊な事情により１年より短くなるケースもある。

2つの決算書

貸借対照表

＜資産の部＞		**＜負債の部＞**	
Ⅰ　流動資産	×××	Ⅰ　流動負債	×××
		Ⅱ　固定負債	×××
Ⅱ　固定資産	×××	負債の合計	×××
1　有形固定資産	×××		
2　無形固定資産	×××	**＜純資産の部＞**	
3　投資その他の資産	×××	Ⅰ　株主資本	×××
		Ⅱ　評価・換算差額等	×××
Ⅲ　繰延資産	×××	Ⅲ　新株予約権	×××
		純資産	×××
資産の部合計	××××	負債・純資産の部合計	××××

必ず一致

会社の資産状況を表わすもの

決算の時点で、どのくらい資産や負債があるかを示したもの。たとえば、会社で自動車を買った場合、自動車の購入金額が、貸借対照表の資産に記載される

損益計算書

売上高	×××
売上原価	×××
売上総利益	×××
販売費および一般管理費	×××
営業利益	×××
営業外収益	×××
営業外費用	×××
経常利益	×××
特別利益	×××
特別損失	×××
税引前当期純利益	×××
法人税等	×××
当期純利益	×××

会社の1年間の儲けを表わすもの

１年間の経営活動の結果、どれくらい儲け（利益）が出たかを示したもの

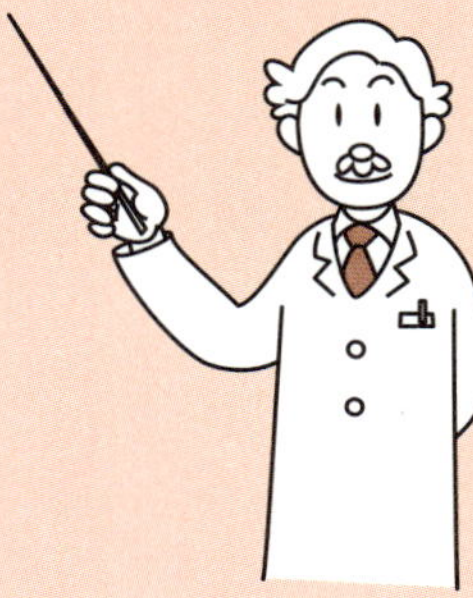

この場合、損益計算書には「売上＝１１００万円、利益＝３００万円」と記載されます。そして、貸借対照表には途中で買った自動車の価格80万円が記載されます（自動車は会社の資産になる）。

　こうした決算書は、いわば会社の成績表ともいえるでしょう。

05

損益計算書のしくみ

損益計算書をみれば、会社がなにで儲けているかがわかります。

損益計算書は1年間の会社の経営活動の結果、どれくらい儲かったかを表わすものです。つまり、1年間に入ってきたお金と出ていったお金の合計を記載して、最終的な利益を計算します。

損益計算書に記載される主な項目についてみていきましょう。

①売上高

1年間の会社の総売上（入ってきたお金の合計）です。

②売上原価

商品の仕入金額などの総額です。

③売上総利益

売上高から売上原価を引いた金額です。なお、会社が儲かっているかどうかをみる指標として、売上高利益率（売上総利益÷売上高）があります。この数値が前年よりも低くなっていると、商品の仕入価格が上がっていたり、原材料が高騰していることを示しています。

④販売費および一般管理費

商品を売るため（本業）に使ったすべてのお金の合計です。人件費、広告費、事務所の賃貸料、電話などの通信費や出張時の交通費、福利厚生費などです。

⑤営業利益

売上総利益から販売費および一般管理費を引いたものが営業利益になります。この金額が大きいほど本業で儲かっていることになります。

⑥営業外収益・費用

借入金の返済や利子の支払い、逆に預金の利息の受取りなど、本業以外で入ってきたお金と出ていったお金の合計です。株で儲けた金額もここに記載します。

⑦経常利益

営業利益に営業外収益・費用を差し引きしたものが経常利益になり、本業を含めてどれくらい会社が儲かっているかがわかります。

なお、経常利益は高いが営業利益が低い場合、会社としては儲かっているが本業で儲けているわけではないこ

P/LとB/S▶P/Lとは「Profit and Loss Statement」の略であり損益計算書のこと。B/Sとは「Balance Sheet（バランスシート）」の略であり貸借対照表のこと。

■損益計算書の例

売上高			1,000,000	1年間の売上金額が記載される。残っている在庫品は、棚卸資産として貸借対照表に記載される
売上原価		600,000		商品の仕入金額や原材料の購入金額が記載される。製造業の場合は、工場従業員の人件費や工場での光熱費も原価に入る
	売上総利益		400,000	
販売費および一般管理費		200,000		人件費、広告宣伝費、営業所の光熱費、旅費交通費、接待費、福利厚生費など
	営業利益		200,000	
営業外収益			100,000	本業以外で入ったお金。受取利息、株式配当など
営業外費用		50,000		本業以外で出たお金。借入利息など
	経常利益		250,000	
特別損益		50,000		土地や建物、株式などを売って入ったお金を加算し、火事などで商品が焼失した損害などを引く。このようなことは常に起こるものでなく、その年だけ起こるので特別損益という
	税引前当期純利益		200,000	
法人税等		50,000		経常利益が出ていれば法人税を納める。利益が出ていなくても住民税や消費税は納める
	当期純利益		150,000	

とになります。

⑧特別損益

会社の土地を売ってお金が入った、あるいは工場が火事になり大きな損失が出たなど、たまたまその年に発生した利益と損失のことです。

⑨税引前当期純利益

経常利益に特別損益を差し引きしたものを税引前当期純利益といい、その事業年度の会社の全体の利益になります。

⑩法人税等

会社が払う法人税などの税金です。

⑪当期純利益

税引前当期利益から法人税等を引いたものです。

06 貸借対照表のしくみ

決算時点での資産や負債の状況を表わしたもので、会社のいまの財務状況がわかります。

会社が経営活動を行なうためには、銀行からお金を借りたり、商品を在庫したり、営業用の自動車を買ったりしなければなりません。その結果､多くの「資産」や「負債」が発生します。貸借対照表は、その資産と負債を記載したものです。

貸借対照表には、資産と負債、純資産という3つの部があり、それぞれ次のような項目があります。

①資産の部

・流動資産

現金や銀行預金、売掛金（商品の代金が未納のもの）、商品在庫など、1年以内に現金化できるものです。

・固定資産

土地や建物、自動車など1年以内に現金化するのではなく、長期にわたって利用するものです。固定資産は減価償却という方法で毎年費用化していきます。

・繰延資産

製品開発をしたときの試作品の製作費などは、将来にわたってその効果（売上）が期待できます。このようなものを繰延資産といいます。

②負債の部

・流動負債

銀行からの短期借入金や、支払手形、買掛金（仕入商品の代金が未納なものなど）など、1年以内に支払う必要があるものです。

・固定負債

機械や設備などを買うために、銀行から借りた長期借入金や社債など、1年以上あとに支払期限が来るものです。

③純資産の部

・株主資本

ここには資本金、資本剰余金、利益剰余金などが含まれます。

資本金は、会社を設立したときに出資したお金です。資本剰余金は、主に株主が出資した金額のうち資本金に

資本金▶株主が出資した出資金のことだが、お金ではなく土地や建物、機械などの場合もある（現物出資）。会社法の施行により最低資本金規制がなくなり「資本金１円」でも会社がつくれるようになった。

■貸借対照表の例

資産の部		負債の部	
＜流動資産＞		＜流動負債＞	
現金・預金	5,000,000	短期借入金	3,000,000
受取手形	1,500,000	買掛金	5,200,000
売掛金	3,500,000	未払費用	500,000
商品・製品	3,000,000	流動負債合計	8,700,000
原材料	2,000,000	＜固定負債＞	
有価証券	5,000,000	長期借入金	60,000,000
流動資産合計	20,000,000	固定負債合計	60,000,000
＜固定資産＞		負債合計	68,700,000
土地・建物	50,000,000		
機械設備	10,000,000	純資産の部	
固定資産合計	60,000,000	株主資本	11,299,900
		評価・換算差額等	100
資産合計	80,000,000	新株予約権	0
		純資産合計	11,300,000

資産の部合計 80,000,000 ← 同じになる → **負債・純資産の部合計 80,000,000**

入れなかった分です。利益剰余金は主に会社の利益の蓄積で、損益計算書で利益が出た場合は、ここの金額にプラスされます。

貸借対照表では、左側が「資産の部」、右側が「負債の部」と「純資産の部」になっています。左側の資産を購入するためにはお金が必要であり、そのお金は右側の負債と純資産から調達していると考えてもいいでしょう。

ですから、「資産の部の合計」と「負債の部＋純資産の部の合計」は一致します。そのため、貸借対照表はバランスシートとも呼ばれます。

07

会社の資産・負債とは?

貸借対照表に記載される資産と負債について、もう少しくわしくみておきましょう。

●流動資産はすぐに処分される可能性があるもの

会社は商品を売ったり製品をつくったりして利益を出します。

そのためには、現金をもっておく、商品を仕入れて在庫しておく、お店や営業所を借りる、従業員を雇う、コンピュータでシステムをつくるなど、いわゆるヒト・モノ・カネ・情報の経営資源が必要になります。

これらはすべて会社の資産であり、貸借対照表の資産の部に記載されます。ただし、文房具やコピー用紙などは消耗品であるため、その購入代金は経費になり資産ではありません。

在庫している商品は、一般的に数年間も在庫するわけではなく、すぐに販売するため**流動資産**と呼ばれます。

一方、土地や建物、自動車などは、買うと数年間（あるいは数十年間）にわたって経営活動に使いますので、**固定資産**と呼ばれます。

固定資産は、買ったその年にすべて経費にするのではなく、減価償却と呼ばれる方法で経費処理されます。

たとえば、営業用の自動車を100万円で買ったとします。1年後には中古車になるので、その価値は100万円より低くなります。2年後、3年後はさらに価値が下がります。このように、1年ごとに下がった価値の分だけを経費処理する方法を減価償却といいます。

建物などの固定資産は、減価償却して1年ごとに経費として処理され、下がった価格の分だけ貸借対照表の金額も下がっていきます。

●負債は資産を買うためのお金

負債は、資産を買うために必要なお金といってもいいでしょう。

たとえば、銀行から100万円を借りて商品を仕入れると、資産の部には「商品100万円」分が記載され、負債の部には「短期借入金100万円」が記載されます。また、同様に銀行から200万円を借りて自動車

Key Word

減価償却▶固定資産の価値の低下分を経費処理していく制度だが、固定資産でも時間の経過とともに価値が低下しない土地や借地権、高価な骨董品などは対象外である。

■資産と負債の関係

資産の部		負債の部	
＜流動資産＞		＜流動負債＞	
現金・預金	5,000,000	短期借入金	3,000,000
受取手形	1,500,000	買掛金	5,200,000
売掛金	3,500,000	未払費用	500,000
商品・製品	3,000,000	流動負債合計	8,700,000
原材料	2,000,000	＜固定負債＞	
有価証券	5,000,000	長期借入金	60,000,000
流動資産合計	20,000,000	固定資産合計	60,000,000
＜固定資産＞		負債合計	68,700,000
土地・建物	50,000,000	純資産の部	
機械設備	10,000,000	株主資本	11,299,900
固定資産合計	60,000,000	評価・換算差額等	100
資産合計	80,000,000	新株予約権	0
		純資産合計	11,300,000
資産合計	**80,000,000**	**負債・純資産合計**	**80,000,000**

①80万円の利益は銀行に預金したので、昨年より現金・預金が80万円増えた（→現金・預金）

②銀行から借りたお金で原材料を購入した（→原材料）

③銀行から長期で借りたお金で、土地などを購入した（→土地・建物）

②原材料を購入するため、銀行からお金を借りた（→短期借入金）

③銀行から長期でお金を借りた（→長期借入金）

①今期80万円の利益が出た（→株主資本）

を買うと、資産の部には「自動車200万円」が記載され、負債の部には「長期借入金200万円」が記載されます。

お金を借りずに自社の預金から200万円を使うと、資産の部の「現金・預金」が200万円減り、固定資産に「自動車200万円」が記載されます。また、商品を掛けで50万円分買うと、資産の部には「商品50万円」が、負債の部には「買掛金50万円」が記載されます。

このように、負債は会社に必要な資産を買うためのお金といえ、負債が増えれば資産も増えていきます。

08

損益分岐点とは?

売上と費用の関係から、いくら売上があれば利益が出るかをみるのが損益分岐点です。

●売上で費用をすべてまかなえるか

50万円で仕入れた商品を100万円で売れば、売上総利益は50万円です。ほかに、なにもお金がかからなければ50万円の利益になります。

しかし、お店を借りていれば家賃が必要ですし、電話代や電気代もかかります。さらに、店員を雇っていれば給料も払わなければなりません。

つまり、商品仕入のほかにも多くのお金が必要であり、それらをすべて売上でまかなえなければ利益は出ません。この、商品を売るために必要なお金をすべてまかなうことができるかどうかを、売上と費用の関係からみたのが**損益分岐点**です。

先の例でいうと、1か月の人件費や賃借料、電話代などが100万円だとします。その場合、100万円の売上では足りません。売上が200万円あれば売上総利益は100万円なので、収支がトントンになります。そして、200万円以上の売上があれば利益が出ます。

この場合、売上200万円が損益分岐点になります。

●固定費が小さいと利益が出やすい

損益分岐点を計算するためには、費用を「固定費」と「変動費」に分けて考える必要があります。

固定費とは、商品が売れる売れないにかかわらず必要なお金です。たとえば、お店の賃借料や店員の給料は、商品が売れなくても必要です。しかし、仕入代金は、商品が売れれば新たな仕入が必要になり増えますが、売れなければ増えません。このように、売上に応じて変わっていく費用を**変動費**といいます。

損益分岐点は固定費と変動費の割合で変わってきますが、基本的に固定費が低い会社は不況に強いといわれます。つまり、景気が悪く商品があまり売れなくても、売上に関係ない費用が小さいため利益が出る可能性が高い=損益分岐点が低い、のです。逆に固定費が高いと、商品が売れないとすぐに赤字になってしまいます。

損益分岐点比率▶損益分岐点売上高の実際の売上高に対する割合。会社の収益性をみるための指標で、損益分岐点比率が低ければ低いほど収益性が高い会社といえる。

■損益分岐点はグラフにするとわかりやすい

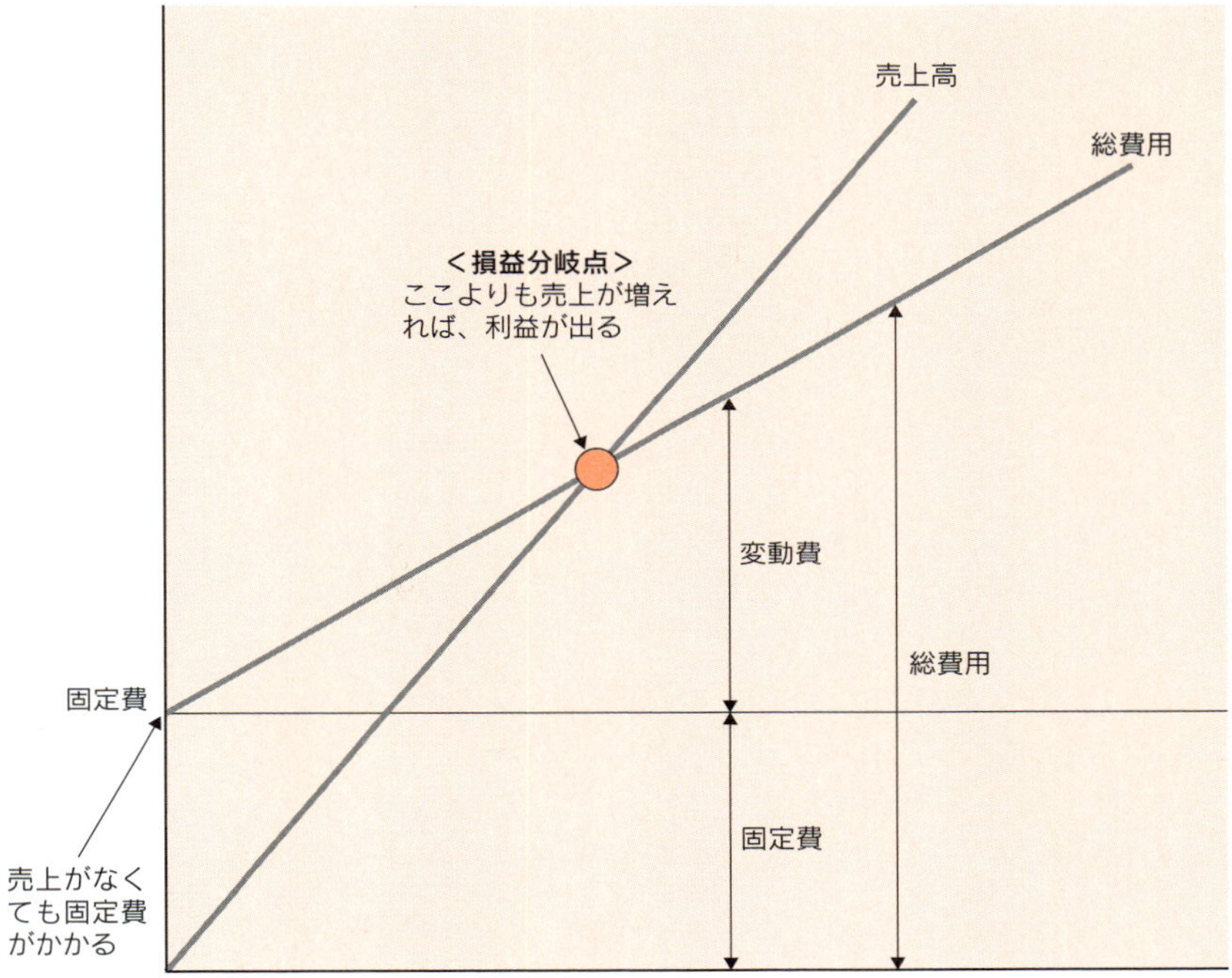

図1　固定費が高い場合

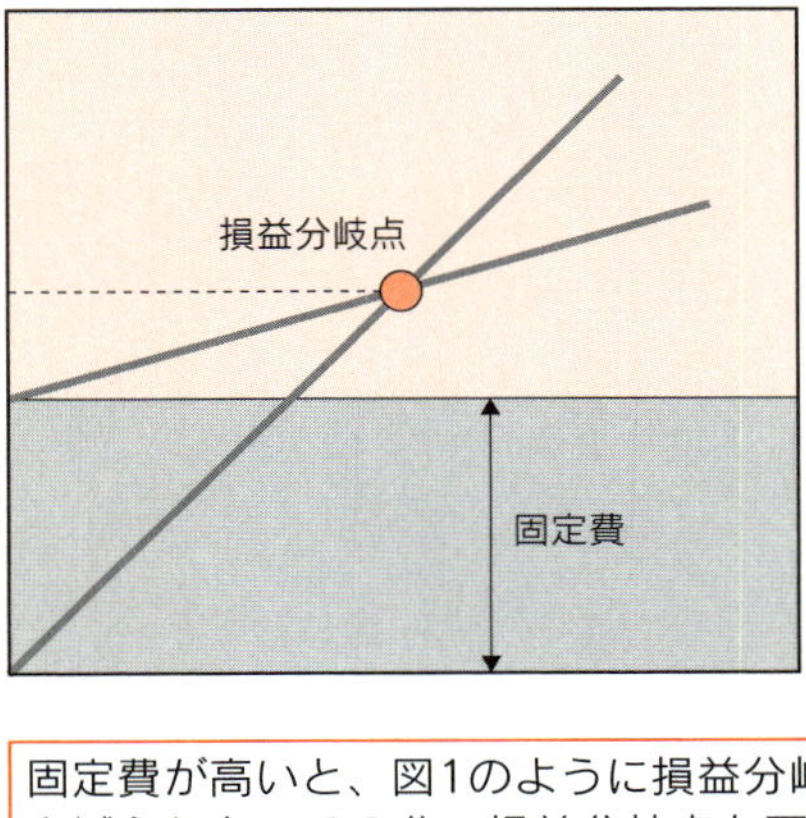

図2　固定費が低い場合

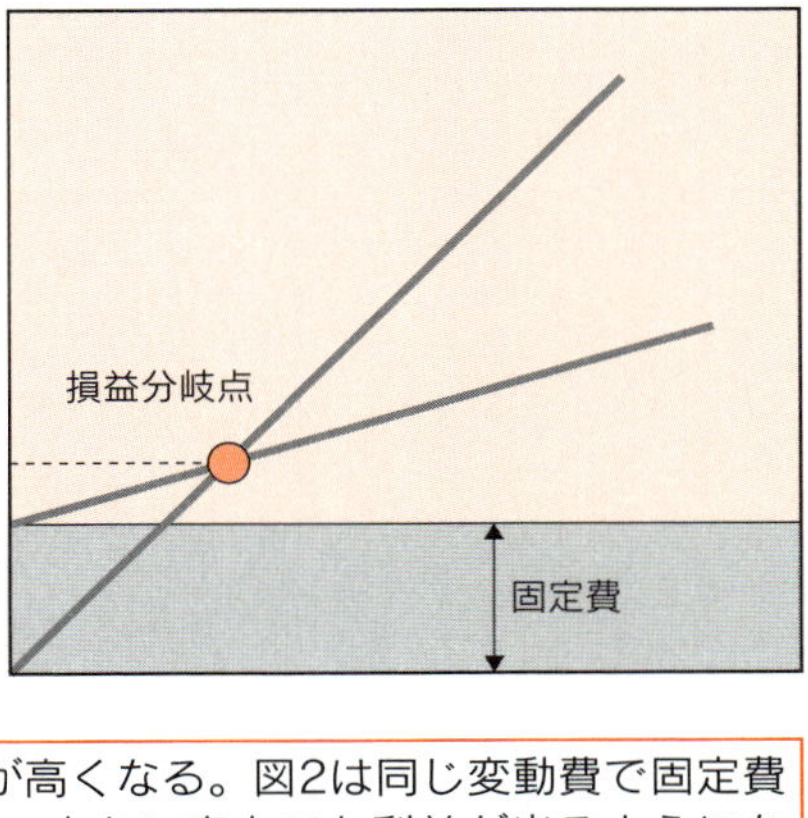

固定費が高いと、図1のように損益分岐点が高くなる。図2は同じ変動費で固定費を減らした。その分、損益分岐点も下がり、少ない売上でも利益が出るようになる

09

連結決算とは？

子会社も含めたグループ会社全体で決算を行ない、経営内容を報告します。

●企業グループの経営内容を明らかに

規模の大きい会社では、資本金の１００％を会社が出資して子会社をつくるようなケースがあります。この場合の子会社は、出資した親会社の「１００％子会社」といいます。

もちろん企業グループをつくることの経営的なメリットはありますが、一方で粉飾決算が起こりやすいといったマイナス面もありました。

親会社に損失が出た場合、その損失を子会社に押しつけるといったケースです。たとえば、親会社がもっている株の価格が下がったとします。株価が下がれば「含み損」（株を売れば損失が出る状態）が発生し、財務状態は悪くなります。このとき、その株を実際の価格よりも高く子会社に買わせれば、親会社の損失はなくなります。

こうした親会社の粉飾決算や利益操作に子会社が使われるケースがあり、このようなことを許すと、親会社の本当の経営状況がわからなくなってしまいます。

そのため証券取引法（現在は金融商品取引法）が見直され、一定の基準を満たす場合は、子会社も含めた**連結決算（連結財務諸表の作成）**が義務づけられました。

連結決算は、企業グループ全体の経営内容を明らかにして、経営の透明性を確保しようとする制度なのです。

●連結財務諸表の作成

連結決算をしなければならないのは、親会社と子会社の間に「支配従属関係」があるかどうかです。

親会社が子会社の株式の過半数をもっており、議決権もあれば支配従属関係があることになります（これを形式基準という）。しかし、株式（議決権）をわざと過半数以下にして（連結はずし）、連結決算の対象から逃れようとするケースも考えられるので、取引量や派遣している役員の数、資金の援助量など、両社の実質的な関係で判断する「実質基準」でも判断されます。

連結決算では、まず親会社も子会社も個別に決算書（財

粉飾決算▶株価を上げるため、あるいは銀行から融資を引き出すなどの目的のために、決算を偽装すること。具体的には、架空売上の計上や経費の圧縮、子会社などを利用した売上操作などがある。

■連結決算のしくみ

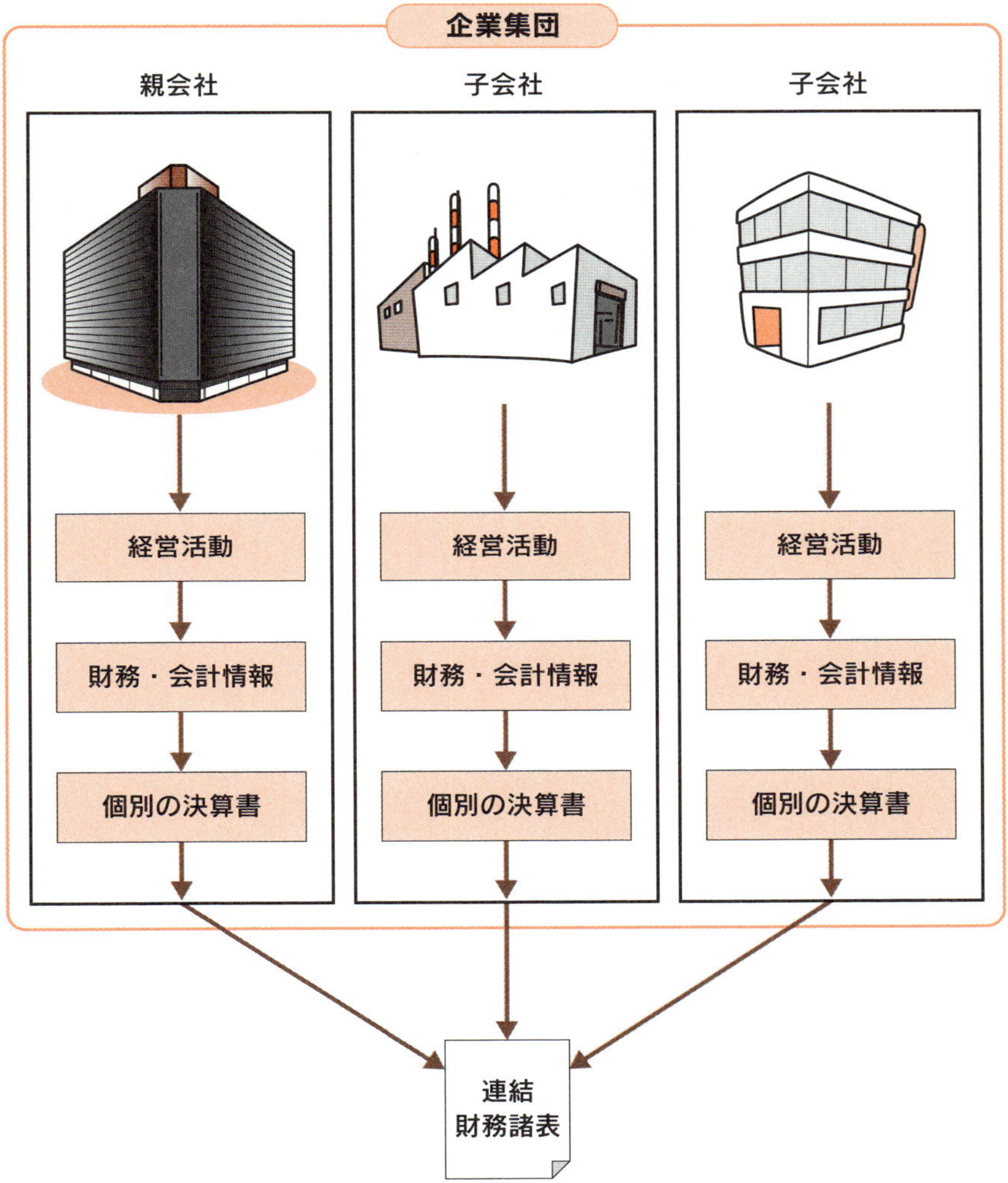

務諸表）を作成し、それに修正を加えて連結財務諸表を作成します。つまり、複数の会社からなる企業グループが、あたかも1つの会社として決算書を作成し、経営内容を報告するわけです。

10

製品の価格の決め方

原価に利益を上乗せするのが一般的ですが、商品戦略によっていろいろな方法があります。

●製造原価に利益を上乗せする

製品の販売価格の決め方にはいくつかの方法がありますが、原価（仕入値）をもとに決める方法が一般的です。ペットボトルのお茶の価格を考えてみましょう。

まずは、製品をつくるための材料として、お茶やボトルが必要です。次に、製造工場の機械を動かすための費用が必要です。さらに、機械を動かす人の人件費や電気代なども必要になります。

このような製品をつくるために必要なお金を合計すると**製造原価**がわかります。この原価に、自社の利益を乗せて販売価格を決めます。製造原価が80円の場合、利益率を50％とすると販売価格は１６０円になります（１６０円のうち80円が利益）。

利益率をいくらにするかは競合商品との兼ね合いなどもありますが、一般的にペットボトルのお茶が１５０円で売られているとします。販売価格１６０円では他社製品より高くなってしまうので、同じ１５０円で販売するには利益率を下げるか原価を下げるしかありません。

もし利益率50％を維持したいのであれば、製造のコストを削減して原価を75円にすれば１５０円で販売できます（利益は75円）。このような、原価と利益率から販売価格を決める方法を**コスト積み上げ方式**といいます。

●価格の決め方はいろいろある

「携帯電話０円」など、短期間に多くの市場シェアを取るために低価格で販売する「低価格政策」という手段があります。ただし、計画していた数量が売れないと、大きな損失になってしまいます。

また、新しい技術で開発した電気製品などは、他社製品より品質が高いので高い価格をつけます。これを「上澄み吸収価格政策」といいます。ただし、お客様が新技術の価値を認めて必ず買ってくれるという保証はありません。

そのほかにも「ビール1箱３９００円!」など安さを

オープン価格▶メーカーは小売段階での販売価格を「メーカー希望価格」として設定するが、価格を明示せずに小売業者にまかせる「オープン価格」が増えている。ディスカウント店の増加など価格破壊の影響が強い。

■コスト積み上げ方式

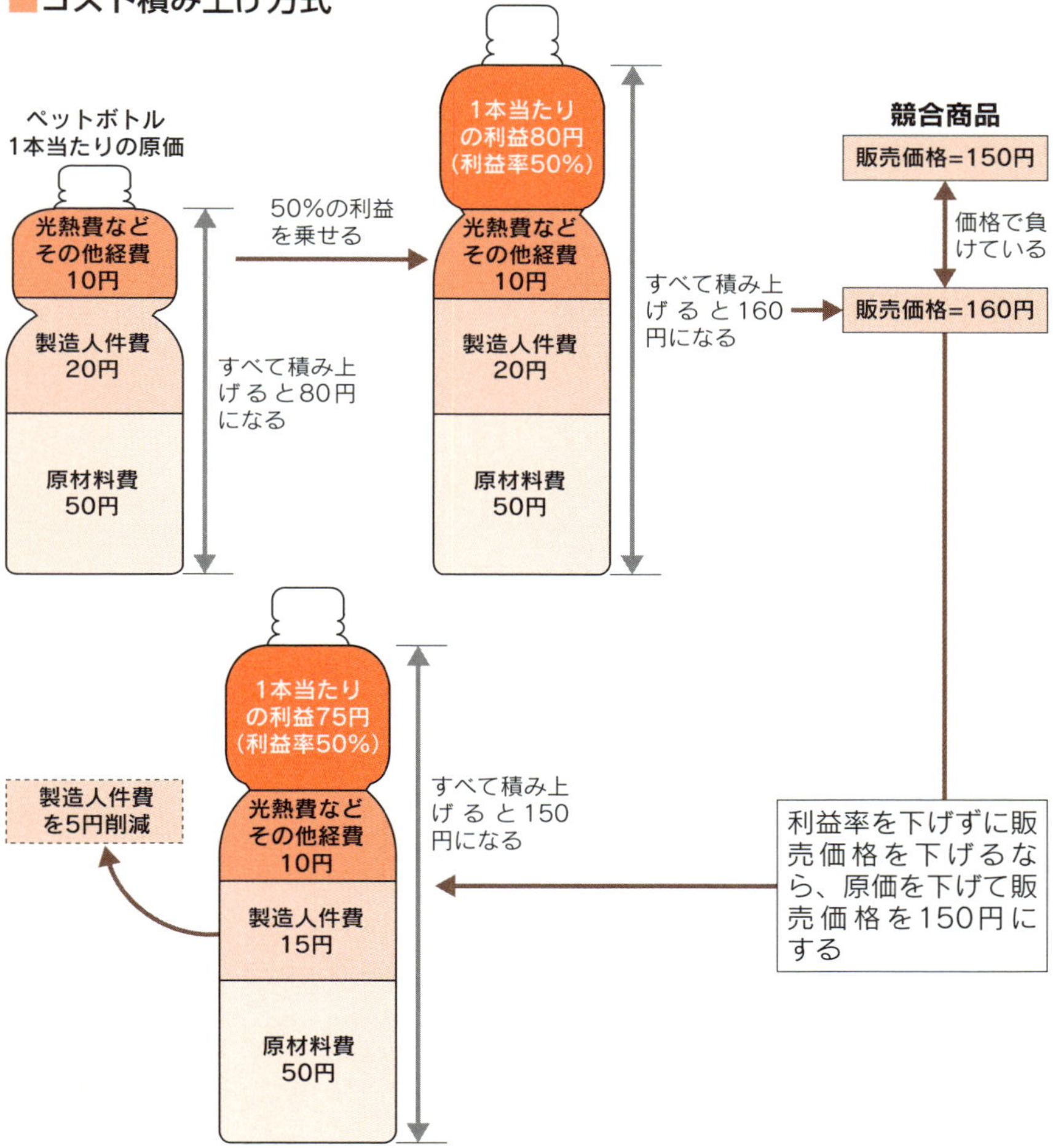

印象づける「目玉価格」や、1個980円など端数で価格をつける「端数価格政策」などがあります。

このように、原価（仕入値）と利益から販売価格を決める方法以外にも、会社の戦略などによってさまざまな方法があります。

11

資金調達はどうするか

経営に必要な資金の調達法には、直接金融と間接金融という2つの方法があります。

●株や社債を発行するのが直接金融

会社経営には多額の資金が必要です。材料を仕入れるにも、商品を宣伝するにもお金がかかります。必要なすべてのお金を現金などでもっていればいいのですが、手持ちの資金では足りないという場合は、どこかから資金を調達する必要があります。

会社の資金調達方法としては、大きく分けると**直接金融**と**間接金融**があります。直接金融は株式や社債を発行して市場から直接、資金を調達する方法で、間接金融は金融機関などから資金を借りる方法です。

株式会社が増資（資本金を増やす）するのは、直接金融による資金調達のためです。増資する分の株式を新たに発行し、それを株式市場で投資家に買ってもらい資金を集めます。

この資金は借金ではないので返す必要はありませんが、株式を買ってくれた株主には配当を払います。

また、社債を発行する方法も直接金融です。社債とは、会社が発行する債券です。会社が社債を発行し、それを投資家に買ってもらい資金を調達します。

社債は株と違って、期限がきたら投資家にお金を返さなければなりません。投資家は、期限がくるまでは利息がもらえます。

直接金融は、次に説明する間接金融（銀行借入）よりもコストがかからないというメリットがあり、土地や建物、大型機械の購入などに必要な資金を調達するときに利用されます。

●中小企業は銀行などからの借金が多い

株式を上場している会社や有名な会社なら、株式や社債を発行しても買ってくれる人がいますが、中小企業ではそうもいきません。そうした直接金融による資金調達がむずかしい会社は、銀行から資金を借ります。

銀行からの借入は、株式や社債の発行にくらべて短期にお金が必要なとき（運転資金）によく利用されます。

運転資金▶会社の通常の経営活動で必要となる人件費や仕入代金などを運転資金といい、生産設備の購入などのための資金を設備資金という。設備資金は高額になるため、銀行から借りると金利負担が増えてしまう。

直接金融と間接金融

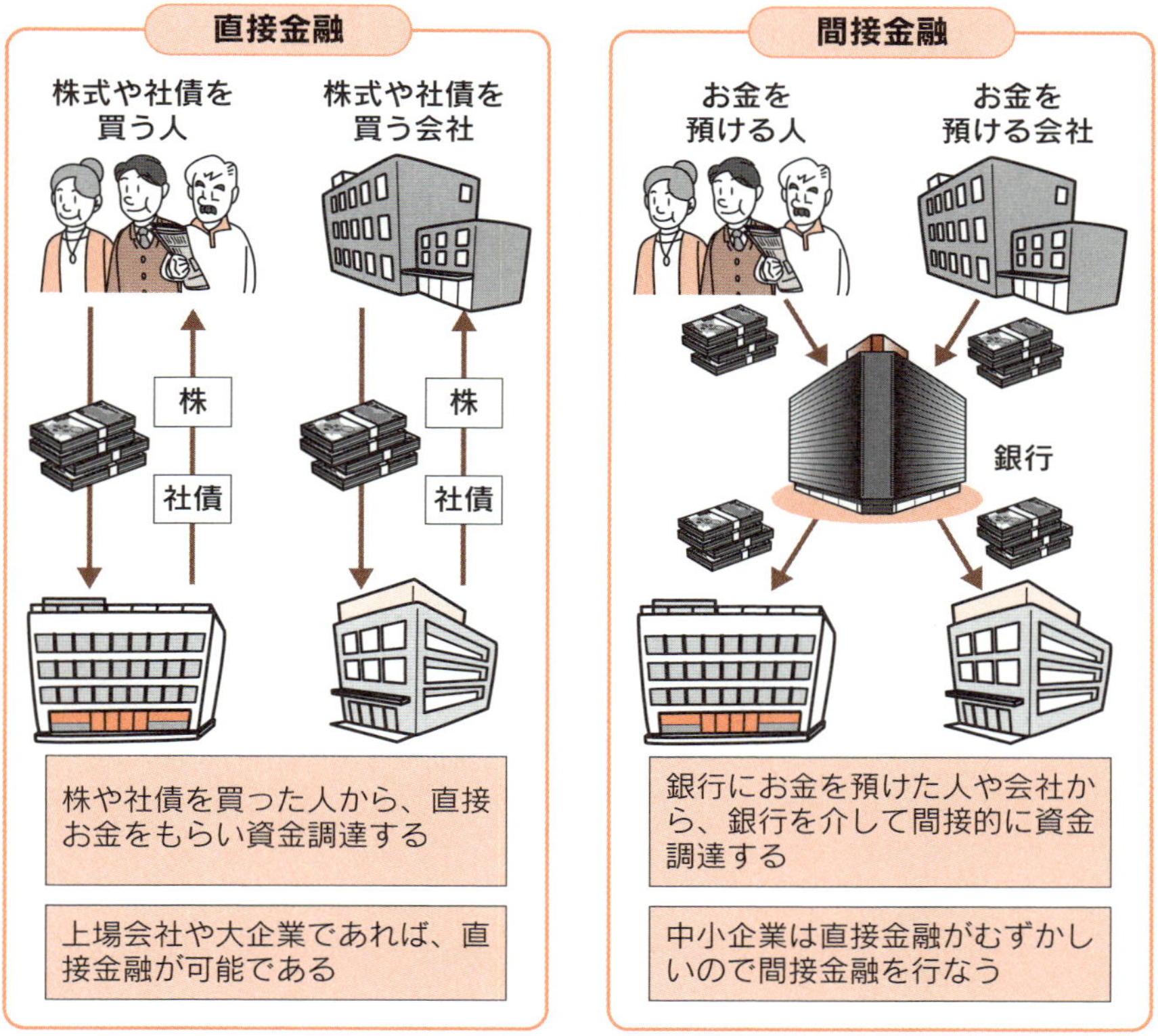
直接金融
株式や社債を買う人
株式や社債を買う会社
株
社債
株
社債
株や社債を買った人から、直接お金をもらい資金調達する
上場会社や大企業であれば、直接金融が可能である
間接金融
お金を預ける人
お金を預ける会社
銀行
銀行にお金を預けた人や会社から、銀行を介して間接的に資金調達する
中小企業は直接金融がむずかしいので間接金融を行なう

たとえば、100万円分の商品を売ったが、代金は1か月後にしか入金されないというケースがあります。しかし、代金が入るまでの間にも、商品を仕入れて売らなければビジネスになりません。

そこで、代金が入ってくるまでの「つなぎ」の運転資金として銀行からお金を借ります。ただし、銀行からお金を借りると利息を払わなければなりません。ですから、長期の資金ではなく、この場合のように1か月後には返済できるメドのついている資金を借りるのです。

銀行は個人や会社からお金を預かり、それを貸し出します。つまり、お金を貸す人(銀行への預金者)と借りる人(あるいは会社)の間に銀行という第三者が入っています。そのため、銀行からの借入は「間接金融」と呼ばれます。

12 資金計画と資金繰りの管理

毎月のお金の出入りをきちんと管理しないと、資金不足になってしまうかもしれません。

●事業に使う資金の計画をつくる

小学生の子供におこづかいをあげるとき、毎月なににお金を使ったかをこづかい帳につけさせる——。このようにしている親は多いことでしょう。

実は、会社でも同じことをしています。

会社では毎年、どのような事業を行なうかを検討して事業計画をつくります。そこには、どの事業に資金をいくら使うかも予定されています。

たとえば、今年は新製品を3つ開発するという計画があれば、新製品開発にどれくらいの資金が必要かを計算して**資金計画**をつくります。研究費がいくら、原材料費がいくら、人件費がいくら、といった具合です。

そして、必要なお金を自己資金でまかなうか、増資あるいは社債を発行してまかなうか、銀行から借りるのかなど、資金の調達方法も決めます。

とくに、大きな設備投資などの場合は、1年計画ではなく3年、5年計画で資金計画をつくります。

●お金の出入りを管理しておく

土地や建物、大型機械の購入などは、あらかじめ購入する時期や支払時期が決まっているため、資金の準備もしやすいといえます。一方、日々の販売活動では、取引の数が多くなると、商品代金などをいつ、いくら支払うかといったことが複雑になります。

たとえば、１００種類の商品を50社に販売しており、商品の仕入れも30社からしているとします。売った商品代金の入金はA社が翌月末で、B社が翌月20日、C社は翌々月末……となることもあります。さらに、仕入先への支払いもD社へは当月末、E社へは翌月末……ということもあります。

このような状況では、来月あるいは再来月にいくらお金が入ってきて、いくら出ていくのかが複雑で、わかりにくくなってしまいます。もし、来月分の支払いが入金より多いと、**資金ショート**（支払い分の資金が足りなくなる）してしまい、倒産の危険性も出てきます。

キャッシュフロー▶実際に入ってきたお金から出ていったお金を差し引いて、手元に残るお金の流れのこと。たとえ帳簿上で利益が出ていても、キャッシュフローが赤字では資金繰りは苦しくなる。

■資金繰り管理表の例

4月に入ってくるお金

項目／月		4月	5月	6月	7月	8月
前月残高						
営業活動	現金売上	100,000	100,000	100,000	100,000	100,000
	売掛金回収	600,000	500,000	150,000	250,000	100,000
	その他収入					
	計	**700,000**	**600,000**	**250,000**	**350,000**	**200,000**
	現金仕入	50,000	50,000	50,000	50,000	50,000
	買掛金支払		80,000	150,000	50,000	50,000
	固定支出	300,000	300,000	300,000	300,000	300,000
	変動費支出	5,000	5,000	5,000	5,000	25,000
	その他経費					
	支払利息・割引料支出	10,000	10,000	10,000	10,000	10,000
	計	**365,000**	**445,000**	**515,000**	**415,000**	**435,000**
	営業活動キャッシュフロー	**335,000**	**155,000**	−265,000	−65,000	−235,000

4月に出て行くお金

4月は入ってくるお金のほうが多いのでマイナスにならない

6月は入ってくるお金よりも出ていくお金のほうが多いのでマイナスになる。このままではまずいので、銀行からお金を借りるなどの対策が必要

そのような事態にならないように、会社はお金の出入りを管理しておかなければなりません。通常は資金繰り管理表というものをつくり、支払わなければならない金額・時期と、入金される金額・時期を管理します。

もし、来月分の支払いのための資金が足りないとわかったら、早めに銀行から借りるなどして調達しておきます。

13

会社にかかる税金

個人と同じように所得税、住民税、固定資産税、消費税などを納めなければなりません。

●会社にも所得税や住民税がかかる

会社で働く人は、給料から所得税や住民税を毎月引かれています（これを源泉徴収という）。会社も法人という人格があるため、同様に所得税（法人税）や住民税・事業税を納めなくてはなりません。

また、土地や建物、大型設備などをもっていれば固定資産税を納めます。さらに、モノを買うときには消費税を払いますし、売ったときには消費税を徴収し、買った人（あるいは会社）にかわり納めないといけません。

このように、会社にも一般の人と同じようにさまざまな税金がかかるのです。

なお、収入がない人は所得税を払わなくてもいいように、会社も赤字（利益が出ていない）の場合は法人税（所得税）を払う必要はありません。

●会社が納める税金

会社が納める税金には、次のようなものがあります。

①法人税（所得税）

会社の利益（課税所得）に応じて一定の税率で税金を払います。ここでいう「課税所得」とは、複雑な計算方法によって計算されるもので、必ずしも損益計算書の「利益」とは同じではありません。税率は基本的に23・4％です（2016年度以降）。また、資本金1億円以下の会社は、年間の課税所得が800万円までの部分については19％ですが、2017年3月までの間に終了する事業年度については15％となっています。

②事業税・住民税

会社が経営活動を行なう場合、公共の道路や橋を使います。そのため、会社は都道府県に事業税（都道府県に納める所得税）と住民税を納める必要があります。事業税は利益がなければ納める必要はありませんが、住民税は均等割りといって利益のあるなしにかかわらず納めなければなりません。

事業税▶会社は法人税（所得税）や住民税のほかに、事業所がある自治体に事業税を払わなければならない。事業税は、都道府県に納める所得税である。

■会社にかかる法人税など

売上高		1,000,000	
原材料等		60,000	
	①売上総利益		400,000
販売管理費		200,000	
	②営業利益		200,000
営業外収益		100,000	
営業外費用		50,000	
	③経常利益		250,000
特別損益		50,000	
	④税引前当期純利益		300,000
法人税		57,000	
事業税など		20,000	
	⑤当期純利益		214,000

損益計算書の「税引前当期純利益」と「課税所得」が同じだとすると、課税所得が800万円以下なので税率19%が適用され、法人税は5万7000円になる

法人税のほかに、事業税や住民税、固定資産税、消費税がかかる

一般の株式会社	資本金1億円以下	年間の課税所得800万円以下	19%
		年間の課税所得800万円超	23.4%
	資本金1億円超		23.4%

③消費税

会社も個人と同じように、モノを買うときは消費税を払います。逆に、モノを売ったときは消費税を徴収（預かり）し税務署に納める義務がありますが、年間売上が１０００万円以下の会社は納税しなくてもかまいません。

④固定資産税

土地・建物、自動車、設備機械など貸借対照表の固定資産の項目に記載されているものは、すべて固定資産税の対象になります。

会社に求められるディスクロージャー

あなたが就職活動をするとき、給料はどれくらいか、具体的にどのような仕事をするか、残業は多いか……など、入社を希望する会社の情報を知りたいと思うでしょう。なにも情報がないと不安なものです。同じように、会社の株を買う投資家も、会社の内容について知らないと投資できません。

ディスクロージャーとは、このような投資家や取引先、従業員など会社に関係する人たちに、会社の情報を公開することです。

投資家が知りたい情報は、まず会社の財務内容です。つまり、決算書などの財務諸表です（これは会社法で公開が義務づけられている）。そのほかには、事業内容を記載した事業計画書、店舗の数、従業員の数、取り扱っている商品の内容などがあります。

ちなみに、洋菓子の原材料に賞味期限切れのものを使っていたとして社会問題にまでなった会社がありましたが、その後、その会社は製造方法などを一新し、どのような方法で製造しているかを公開しました。

この情報公開により、消費者も安心して同社の製品を買うことができるでしょう。これもディスクロージャーです。

なお、株式を上場していない中小企業では、情報公開に対して積極的ではない会社も多いようですが、これからは中小企業でもディスクロージャーの重要性が高まってくるのではないでしょうか。なぜなら、情報公開している会社とそうでない会社では、社会的な信用が大きく違ってくるからです。

第7章

さまざまな経営手法について知ろう

01

最近増えてきたM&A

事業の拡大や多角化をねらってM&Aという経営戦略をとる会社が増えてきました。

●M&Aにはどんなメリットがあるのか

M&AとはMergers and Acquisitionsの略であり、日本語では「合併」「買収」という意味になります。簡単にいえば、2つの会社が1つの会社になることで、このM&Aが最近増えています。

たとえば、衣料品を販売する会社が、順調に売上が伸びてきたので、今度は衣料品のほかに家具も販売したいと考えました。しかし、その会社には家具を売った経験がありません。その場合、すでに家具を販売している会社と合併すれば、その会社の経験やノウハウを活用することができます。

つまり、新しい事業をはじめるときは、その事業を行なっている会社を、M&Aによって買収あるいは合併すれば手っ取り早いのです。また、その事業で成功している会社を買収するわけですから、新事業が失敗するリスクが小さくなります。さらに、新しい会社を立ち上げるよりコストも時間もかかりません。

M&Aが増えている背景には、①相手企業のノウハウが活用できる、②新事業をはじめるリスクが小さい、③新たに会社をつくるよりコストが小さい、といったメリットがあるのです。

●いろいろなM&Aの方法

M&Aには、次のようないろいろな方法があります。

①企業買収

A社がB社の株式を購入してB社を子会社化する方法です。B社の経営者の同意を得て株式を購入するのが「有効的買収」で、同意を得ないまま株式を購入しようとするのが「敵対的買収」です。最近、新聞などで話題になっているのは敵対的買収のほうです。

②事業譲渡

A社がB社のすべてを買収するのではなく、たとえばB社の営業部門などある部門だけを買収する方法です。この場合、A社はB社の営業資産（人材、ノウハウ、設

会社分割▶自社のある部門を別の会社に譲渡したり、別会社を設立してその部門の業務を独立させること。事業再編の手法の1つで、経営効率が向上するというメリットがある。

M&Aにもいろいろある

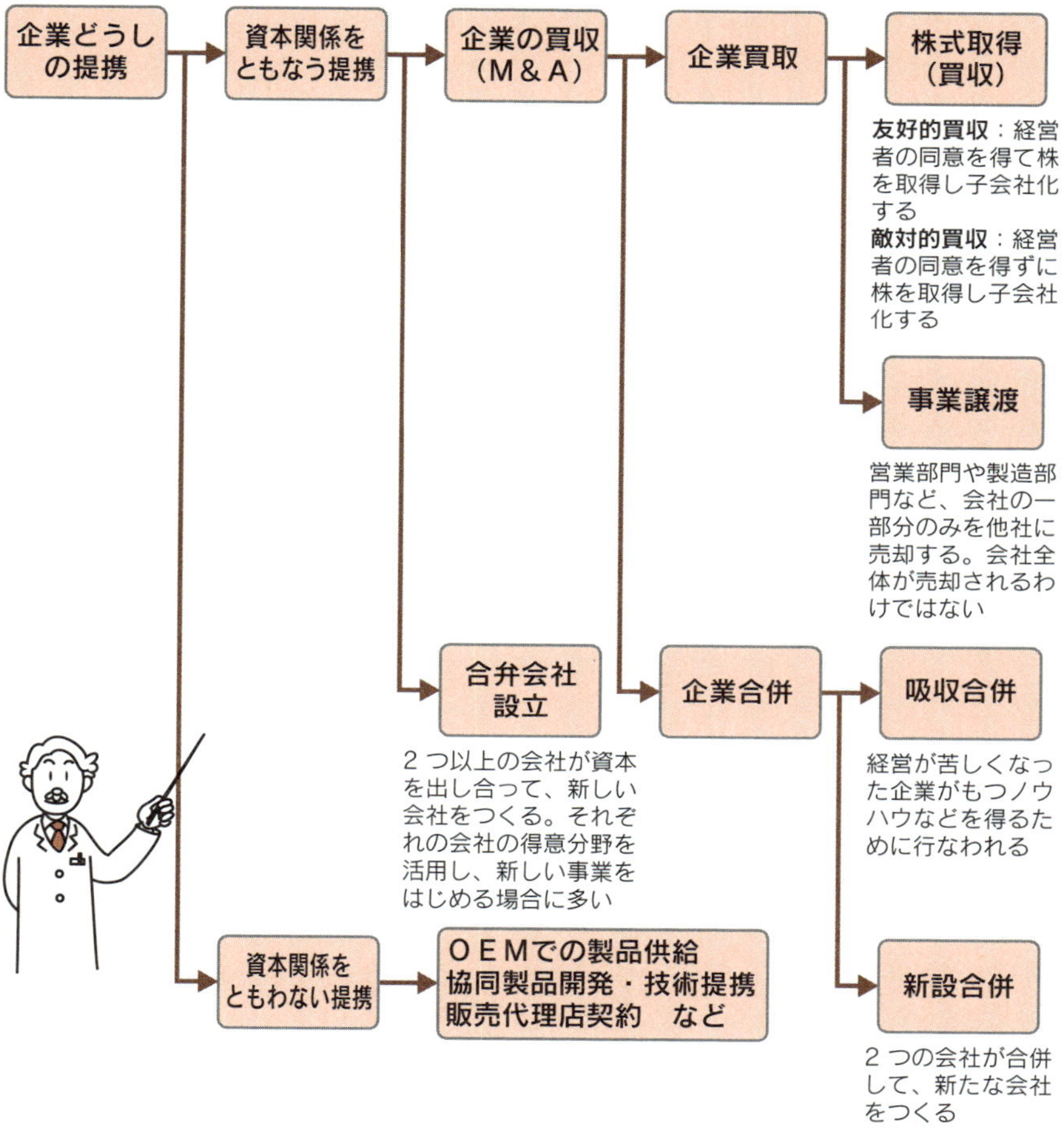

備など）をすべて買い取ります。

③吸収合併

2つの会社が1つの会社になることです。A社とB社が合併する場合、どちらかの会社が存続し、もう一方の会社はなくなります。A社が存続する場合、A社はB社の資産や負債、技術、人材などすべてを引き継ぎます。B社の株主には、新たにA社の株が与えられます。

なお、合併する2社ともなくして、新たな別会社を設立する方法を「新設合併」といいます。

02

リストラとは？

会社経営の全体をスリム化し、事業を再構築しようとする改革がリストラです。

●事業そのものを見直すこと

リストラとは、リストラクチャリング(Restructuring)のことで、**事業の再構築**を意味します。

たとえば、子供服を売っているお店があるとします。5店舗を展開していましたが、最近は周辺地域の子供が減ったため売れ行きが落ちています。そこで社長は、5店舗あった店を1つに集約し、扱う商品も一般的な子供服から高級なものに変えました。もちろん、店舗を減らしたので従業員も削減します。これがリストラです。

リストラとは、会社の事業自体をスリムにして再構築しようとするものです

日本では、リストラ=人員削減と思われがちですが、人員削減はリストラの1つの方法にすぎません。人員削減だけを行なっても、会社のほかの部分にムダが残っていては、本当の意味のリストラとはいえません。

事業の集約や商品選定の見直しなど、リストラは会社の事業そのものを見直すことなのです。

●具体的にどういうことをするのか

リストラでは、不要な経営資源をなくし、さらに売上や利益をアップするための改革を行ないます。

そのため、具体的には次のような改革を行ないます。

①キャッシュフローの改善

在庫の圧縮、入金までの期間を短くする、仕入代金など支払いの期間延長、遊んでいる資産を売却する、など。

②財務体質の改善

株などの有価証券、不要な土地などを売却し有利子負債（銀行からの借入金など）を少なくする、など。

③損益分岐点の引き下げ

人件費の削減、店舗集約などによる賃料の削減、その他さまざまな経費削減により固定費を下げる、など。

これらに加え、品揃えの見直し、人材教育・育成、顧客サービスの充実など、売上を向上させるための改革も同時に実施していきます。

Key Word

リエンジニアリング▶企業改革のことで、通常は「BPR（ビジネス・プロセス・リエンジニアリング）」と呼ばれる。仕事のやり方や組織のあり方を抜本的に見直し、経営効率を高める手法。

■リストラとは

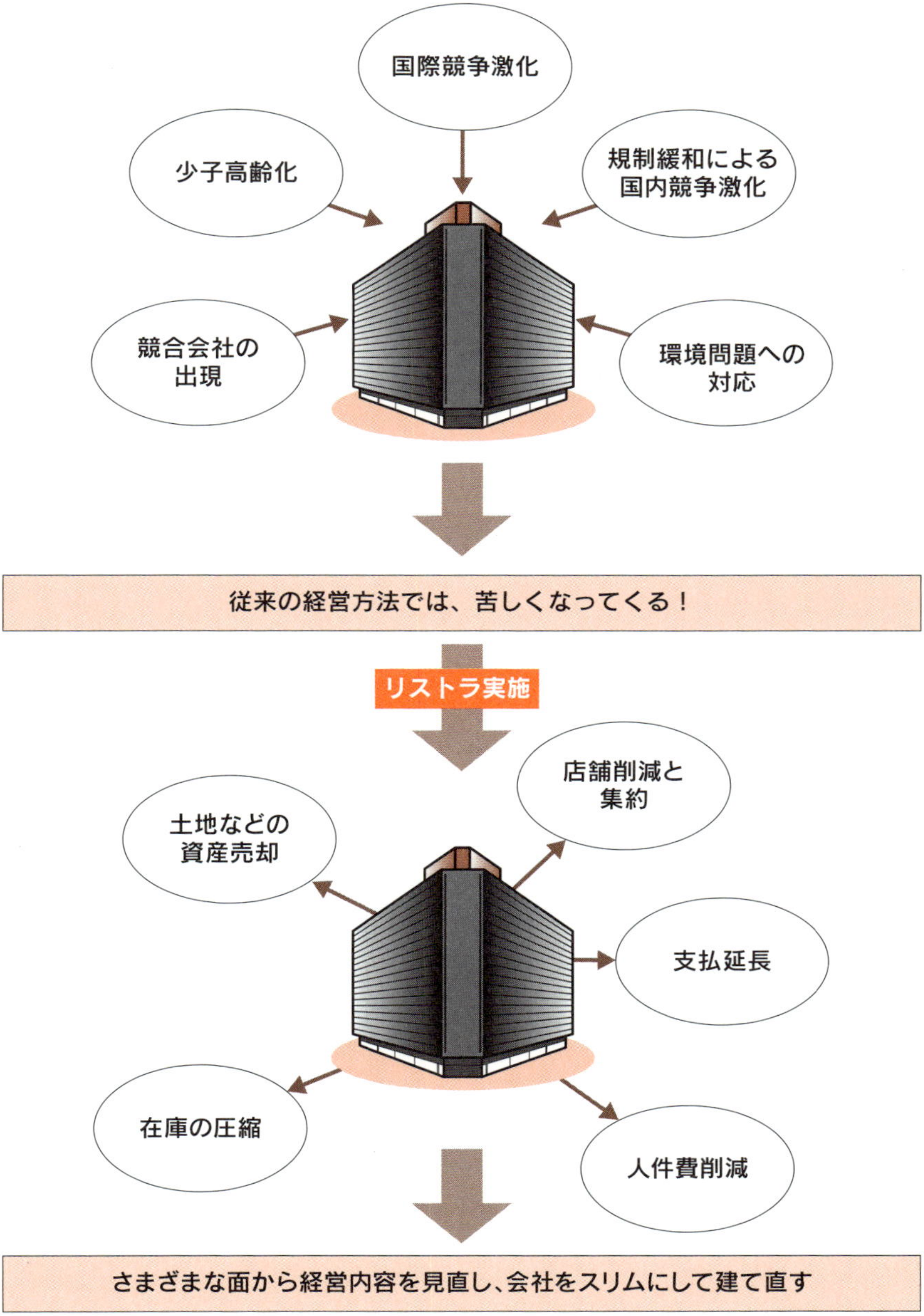

03

ベンチャー企業に多いファブレス経営

生産設備をもたずに企画や設計、販売などに特化して自社の強みを発揮する経営手法です。

●自社の得意分野に経営資源を集中する

最近、筆者の息子（小学生）が料理づくりに興味をもちはじめ、先日もカレーをつくりました。ただし、野菜の皮むきは不得意らしく、母親に頼んでいます。一方、皮をむいた野菜を鍋に入れて、水加減を調整してコトコト煮るのは得意のようです。

このように、だれにでも得意なことと不得意なことがあります。これは会社も同じです。

ベンチャー企業のなかには、製品を開発する技術力はあるが、規模が小さいため大量生産ができないといった会社がよくみられます。このようなベンチャー企業が、自社では製品の企画・開発に特化して、製造や販売は他社に委託するという形態をファブレス経営と呼びます。

ファブレス経営では、生産設備を自社でもたないため、大きな投資が必要ありません。また、得意分野に人材や資金などの経営資源を集中できるため、ライバル会社よりも優れた製品を開発できる可能性が高くなります。

一方、①生産による利益が得られない、②製品情報や技術情報などが流出する危険がある、③製造ノウハウが蓄積できない、などのデメリットもあります。

●ファブレス経営で成功するためには

ファブレス経営で成功するためには、次のような点に注意が必要です。

①自社の強みを徹底する

事業分野を、特定の技術開発など自社の強みを徹底的に発揮できるものに限るべきです。

②マーケティングの強化

ファブレス経営では技術的な強みを活用することが多く、逆に製品の販売というマーケティング面が弱くなります。そのため、他社と提携するなどして販売力をつける必要があります。

③信頼できるパートナーの確保

製造などを他社に委託するため、委託先とのパートナ

ファウンドリ▶ファブレスの逆で、他社からの依頼による製造に特化したビジネスモデル。優れた生産技術をもち、低コストあるいは特殊な製品が製造できるという特徴がある。

■ファブレス経営のタイプ

研究開発型	技術開発や製品開発を中核として、生産は工場をもつ企業に委託する。ファブレスでは最も多い形。工場をもたないため、資金や人材を研究開発に集中できる利点がある。一方、技術流出や、生産ノウハウが蓄積できないなどのデメリットがある
ベンチャー型	特殊な技術をもって創業したベンチャー企業が、自ら開発した製品の製造を大企業などに委託するタイプ。ベンチャー企業は技術力はあるが、大量生産するための設備やノウハウ、製造技術がないため大企業のノウハウを活用する
マーケティング型	研究開発や生産機能をもたずに、マーケティング活動により商品企画だけを行なうタイプ。市場調査などを行なう企業が、他の製造業と連携して行なうケースが多い
コーディネート型	複数の企業の得意分野を集約し、商品企画から設計、製造、販売までをトータルでコーディネートするタイプ。コンサルティング会社や企画会社が行なうことがある

研究開発型ファブレス経営

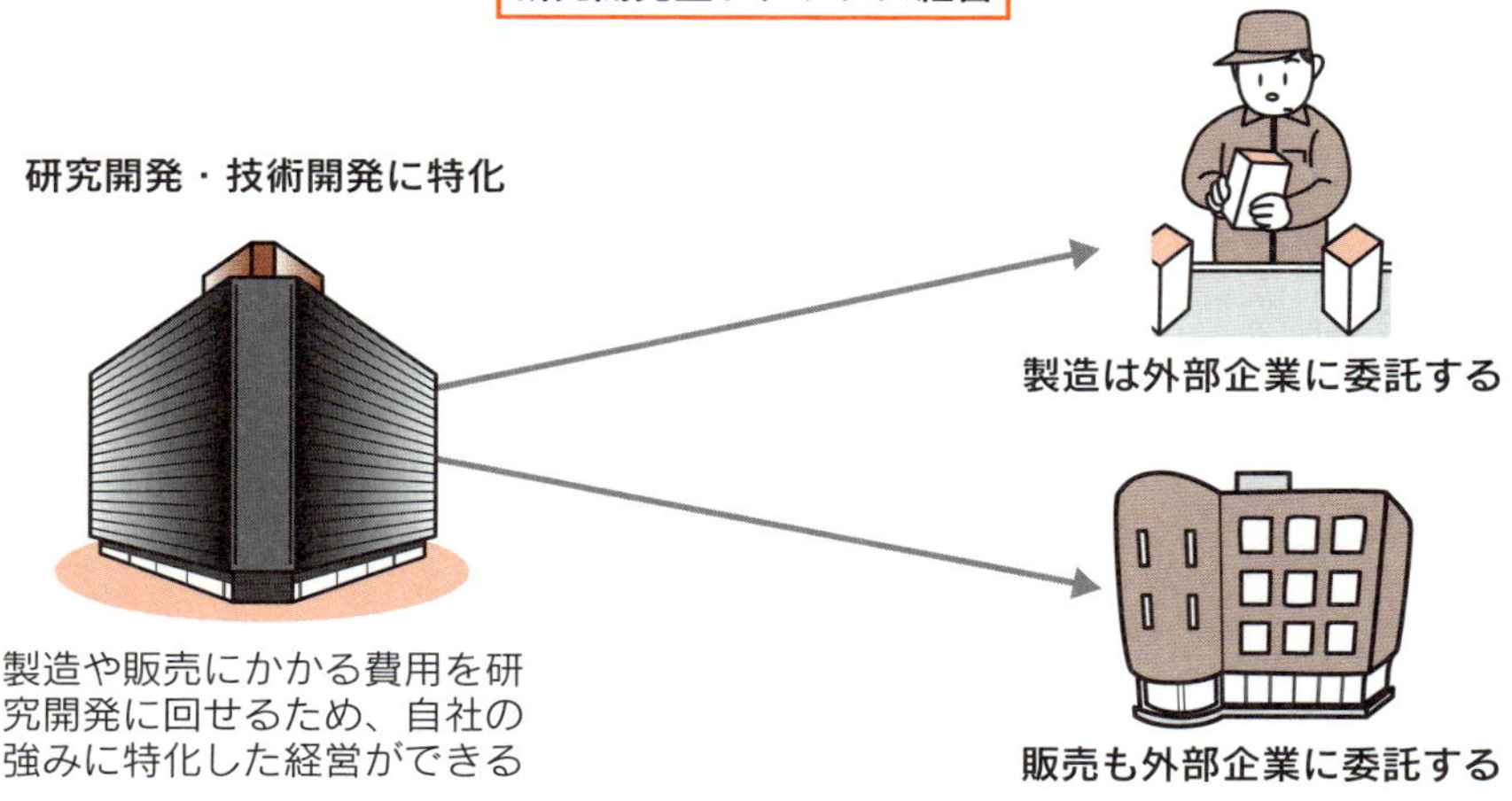
研究開発・技術開発に特化
製造は外部企業に委託する
販売も外部企業に委託する
製造や販売にかかる費用を研究開発に回せるため、自社の強みに特化した経営ができる

ーシップが重要になります。信頼できる会社を選び、協力関係をつくることが大切です。

④自社技術の防御

技術開発中心のファブレス経営では、委託先の会社に開発技術を盗まれる可能性もあります。製造を委託する前に特許などを取得し、自社の技術を守ることも重要です。

04

業務を外部に委託するアウトソーシング

定型的な業務などを外部の業者にまかせ、本業に力を入れる経営手法です。

●定型的な仕事を外部に委託する

自分は数学は得意だが英語が苦手なので、大学受験のときは英語だけ友人に受験してもらう……ということは現実にはムリですが、会社では似たようなことが可能です。

たとえば、総務や経理は会社の重要な仕事ですが、定型的な業務（手順が決まっている仕事）でもあります。そのため、伝票の作成・整理や給与計算などを、外部の専門業者にまかせることがあります。

このように、比較的単純で仕事のやり方が決まっている仕事を外部業者に任せ、自社は本業に専念するという経営手法をアウトソーシングと呼んでいます。アウトソーシングにより、社内の経営資源を本業に集中させることができます。ある製造業では、自社の工場の一部を外部業者にまかせ、かわりに自社の従業員をより高度な技術が必要な部署で活用しています。

逆に、専門性が高く自社では対応できない業務（情報システムの運用など）をアウトソーシングするケースもあります。前項で説明したファブレス経営も、いってみればアウトソーシングの1つです。

●アウトソーシング以外の外部委託

では、アウトソーシングも含めて、外部に業務を委託するいくつかの形態をみておきましょう。

①アウトソーシング

アウトソーシングを受ける業者が業務の企画や運営を行ないます。たとえは、情報システムの運用を受ける場合、システム運用の方法やコスト計算などまでを業者が担当します。

②人材派遣

派遣会社が単純に人（労働者）を派遣するもので、派遣された人（労働者）は派遣先の会社の指示で仕事をします。

コンサルティング・ファーム▶経営戦略など高度な専門分野に特化してクライアント企業からコンサルティングを請け負う会社。独自の得意分野をもつコンサルタントの集団である。

③コンサルティング

コンサルティング会社は業務に関する企画や提案は行ないますが、それをもとに実際に業務を運用するのは顧客企業（依頼した会社）です。

④業務代行

顧客企業の依頼どおりに業務を代行します。情報システムの運用で、データのバックアップだけを外部業者にまかせるといった方法です。

■情報システム関連の業務を外部委託する場合

アウトソーシング

・サーバーの管理、保守
・データバックアップ
・システム利用教育
・プログラムの修正　　など

情報システムを利用する会社が、運用に関する仕事をすべて外部に委託する。アウトソーシングを受けた会社は、社員をユーザー企業に送り込み対応する

人材派遣

・受注データの入力などの単純作業

人材派遣会社から人を派遣してもらい、受注データの入力など比較的単純な業務をしてもらう

コンサルティング

・システムの運用方法などを指導する

システム運用の方法についての指導だけを行ない、実際の作業はユーザー企業が行なう

業務代行

・特定の業務を会社にかわって行なう

データのバックアップなどユーザー企業が依頼した仕事を、業務代行を受けた会社の社員などが行なう

05

ＩＴ経営とは？

ＩＴを戦略的に活用し、売上や顧客満足の向上を図ります。

●経営戦略にＩＴを活用する

10年前に比べてＩＴ（情報技術）は大きく進化しました。パソコンの性能や機能は向上し、インターネットの回線は光回線で高速となり、さまざまなネット上のコンテンツが利用できます。最近では「Web2.0」と呼ばれる双方向の情報交換ができるコンテンツ（ブログやＳＮＳなど）も登場し、ＩＴの世界はさらに進化しています。

ＩＴを経営に利用する会社が増えていますが、ホームページをつくる、電子メールを利用する、パソコンで会計処理をするなど単純にＩＴを利用するだけではなく、経営戦略の実行ツールとしてＩＴ活用し、その効果を継続的に管理してこそＩＴ経営といえます。

たとえば、子供服を販売する会社があるとします。近年の少子高齢化で売れ行きが落ち込んだため、中高齢者向けの服も扱うことにしました。その結果、扱う商品がそれまでの3倍になりました。従来は在庫管理も手作業で行なっていましたが、商品が3倍になるとそうもいきません。

そこで、在庫管理をシステム化し、どこの倉庫にどの商品がいくつあるかを瞬時に把握できるようにし、かつ品切れになる前に自動的に発注するようにしました。これにより、商品数が増えても品切れが起こらず、常に商品を店頭に並べることができます。

このように、会社の戦略に合わせて、**仕事のやり方を改革していく過程でＩＴを活用する**経営手法をＩＴ経営と呼ぶのです。

●システム導入の結果を管理する

ＩＴ経営では、単にＩＴを活用するだけではなく、ＩＴを活用した結果、どのような効果があったかを管理することも欠かせません。

たとえば、先の商品の多角化のために在庫管理システムを導入したような場合、在庫管理システムを導入したことで、どのくらい在庫が圧縮できたか、どのくらい品

Key Word **IT経営応援隊**▶とくに中小企業のIT化を支援するために、経済産業省が推進して行なっている事業。全国に地方組織があり、中小企業に対する研修会の実施やITコーディネータの派遣などを行なっている。

■IT経営の事例

●商品アイテムを増やした子供服販売店

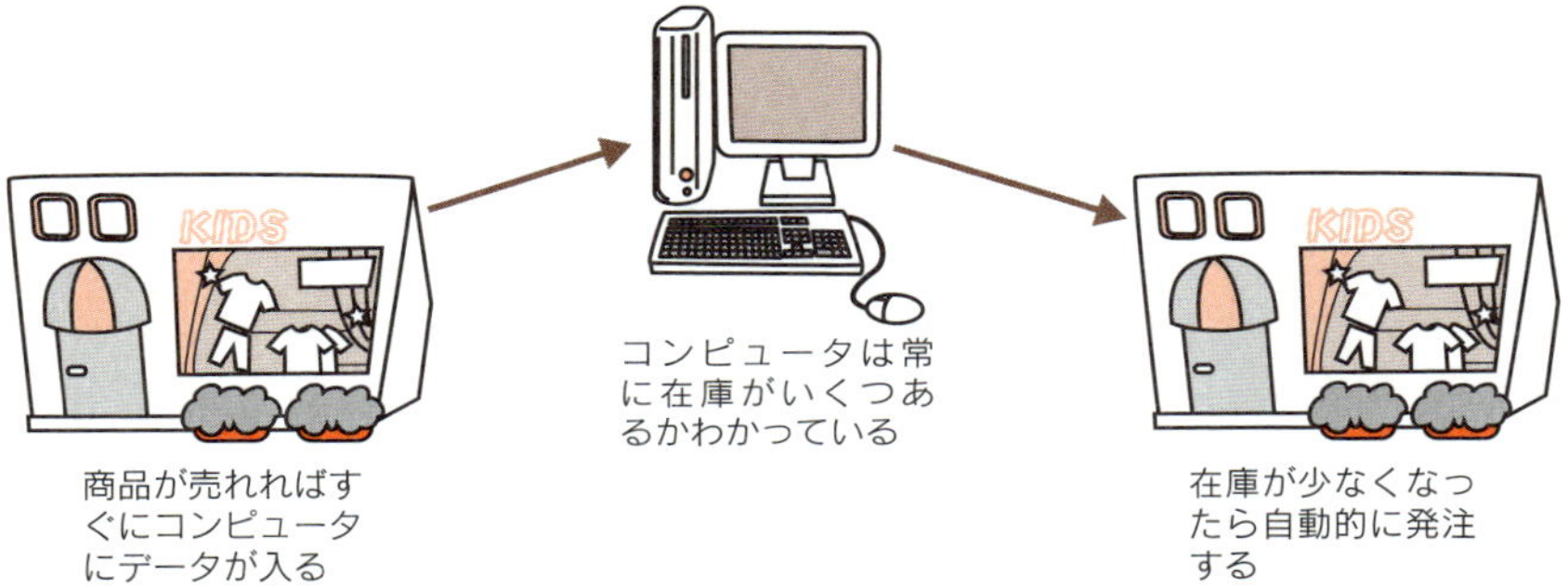

従来、商品数が少なかったので発注作業や在庫管理は人手に頼っていたが、商品数が多くなったので、コンピュータシステムで在庫管理と発注処理を行なう

IT経営とは

単にコンピュータシステムを導入するのではなく、コンピュータシステムを導入したおかげで、どのくらい在庫数が減ったか、どれくらい売上が伸びたかなど、経営的効果をチェックして、改善活動を行なう

在庫数は適正かな？
あ、商品Aの在庫が少ないな。どうしてだ？
思ったより売れ行きがいいんだ。
自動的に発注する数を増やしておこう。
これで欠品がなくなり、売上もさらに増えるぞ！

切れがなくなったかなどを数値で管理します。

そして、その結果、売上がどの程度伸びたか、利益率はどれくらい向上したかなど、経営的な数値を管理します。思ったほど数値がよくなっていなければ、さらにシステムを改善しなければなりません。

システムを導入しただけで満足していては、ＩＴを活用する意味がありません。

06

他社の手法に学ぶベンチマーキング

他社の優れたところを研究し、自社の改善につなげるのがベンチマーキングです。

●他社のよいところを取り入れる

同じ商品を売っているのにA社は儲かって、B社は儲かっていない——。B社の社長さんは「A社はどうして儲かっているのか?」と不思議に思うでしょう。

そして、いろいろ調べた結果、A社では営業担当者の商品知識が豊富なことがわかりました。A社では営業担当者を徹底的に教育し、自社商品のことであれば、お客様からなにを聞かれてもすぐに答えられるようにしているのです。

一方、B社の営業担当者は、商品の細かいことについてはすぐに答えられないことが多く、結果的に注文を逃していたのです。そこで、B社の社長さんは、A社と同じように営業担当者の教育を強化することにしました。

このように、競合他社の優れている点を自社でも取り入れて、会社の業績を向上させようという経営手法がベンチマーキングです。

一般に、儲かっている会社のやり方を「ベストプラクティス」といいます。他社のベストプラクティスを研究し、自社との違いを分析し、自社のやり方を改善していきます。

●単なるモノマネではいけない

ベンチマーキングでは、他社のベストプラクティスを取り入れるだけでなく、いかに実行するかが重要です。

先のB社の場合、A社のように営業担当者の教育に力を入れるにしても、B社の営業担当者のレベルや教育にかける費用、時間など、状況はA社とは違うはずです。そこで、どのように効果を上げるかは、B社なりの方法が必要になってきます。

なお、競合企業のベストプラクティスを取り入れる方法は「競合他社ベンチマーキング」と呼ばれますが、そのほかにも次のような方法があります。

・社内ベンチマーキング

社内の他部署のベストプラクティスを取り入れて、自部署の業務効率や生産性を向上させる方法です。

・機能ベンチマーキング
業種は違っても、同じ種類の業務のベストプラクティスを取り入れる方法です。たとえば、製造業の会社が在庫管理の方法を改善しようとするとき、スーパーの在庫管理の方法に学ぶようなケースです。

■A社をベンチマーキングするB社

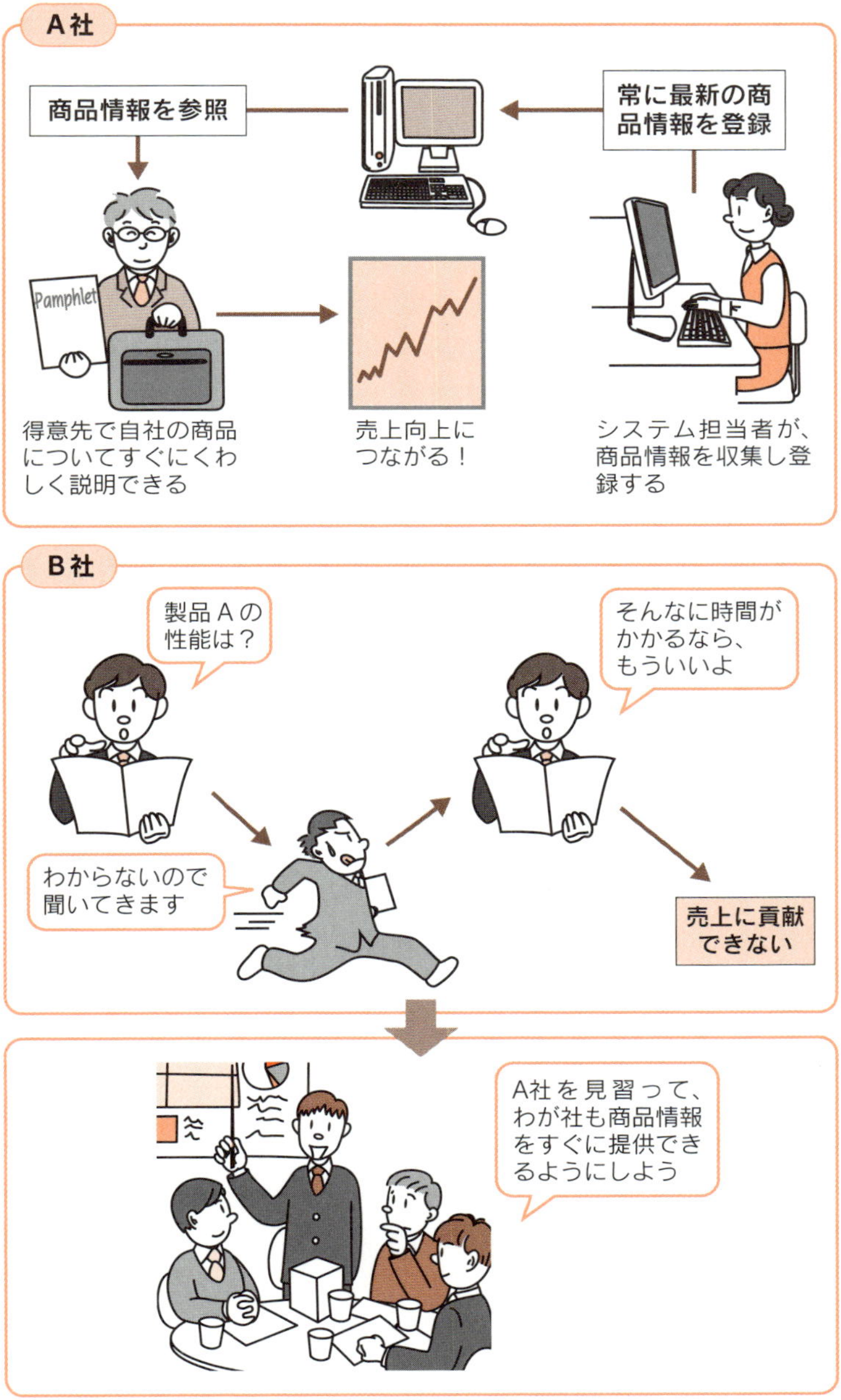
A社
商品情報を参照
常に最新の商品情報を登録
Pamphlet
得意先で自社の商品についてすぐにくわしく説明できる
売上向上につながる！
システム担当者が、商品情報を収集し登録する
B社
製品Aの性能は？
わからないので聞いてきます
そんなに時間がかかるなら、もういいよ
売上に貢献できない
A社を見習って、わが社も商品情報をすぐに提供できるようにしよう

Key Word
最初のベンチマーキング▶ベンチマーキングにおいて先駆的な役割を果たしたのは米ゼロックス社といわれる。1970年代後半にさまざまな企業をベンチマークし、その事例を公開した。

07

社会への貢献をめざすＣＳＲ経営

現代の会社には、単に利益を上げるだけでなく、社会全体へ貢献することが求められています。

●いま会社にはコンプライアンスが求められている

近年は、自動車の欠陥隠しや賞味期限切れの材料を使った菓子製造、さらに安全管理の不備による遊園地での事故など、企業の不祥事が新聞をにぎわせることが多いようです。このような不祥事は、会社の信頼をなくすだけでなく、消費者に多大な迷惑をかけることになるのはいうまでもありません。

企業の不祥事は、社員のちょっとした気のゆるみから起こることもありますが、会社の組織自体に法律などを守ろうという意識が低いように感じます。

そこで、求められているのがコンプライアンス経営です。コンプライアンスとは「法令遵守」と訳されますが、不祥事が起きないようにするためにも、会社として法令遵守（法律を守る）の意識を高める必要があります。

たとえば、コンピュータソフトの無断コピーは明らかに違法です。しかし、社内に「ちょっとくらいならいいや」という雰囲気があれば、それを許してしまい、ひいてはそれが大きな不祥事にもつながるのです。

法律はもちろん、他人に迷惑をかけないという社会のルールを守ることが、会社には求められています。

●社会貢献を重視するＣＳＲという考え方

コンプライアンス経営の考え方をさらに発展させたものにＣＳＲ経営があります。ＣＳＲとはCorporate Social Responsibilityの略で、会社は法律を守るだけでなく社会全体に広く貢献しなければならない、という意味です。

たとえば、住宅地に工場があれば、騒音で地域住民に迷惑をかけます。その場合、防音装置をつけるなどの対策が求められますし、場合によっては郊外に移転することもあります。

また、消費者のためによい製品をつくる、雇用を生み出すことで地域社会に貢献する、地球環境に配慮した材料を利用する、さらにはボランティア活動へ積極的に参加するなど、会社に求められるCSRにはさまざまなものがあります。

そして現在は、CSR経営を通じていかに社会貢献しているかが、株価にも影響を与えるようになっています。

Key Word

企業メセナ▶社会貢献の一環として、企業が文化芸術活動を支援すること。メセナとは、文化芸術活動の支援を意味するフランス語。日本でも、1990年に社団法人企業メセナ協議会が発足した。

CSR活動の例

環境問題へのかかわり

- NPO法人と協力して、子供たちに植樹をしてもらう。森をつくる運動
- 営業車の積載量を減らすため、紙のカタログをCD-Rにして配布。燃費向上に貢献
- 社員は家庭で水を節約（子供用プールの水を洗濯に使うなど）
- 紙製品の原材料に再生紙を50％以上使用
- 木工製品に間伐材を利用し、森林保全に貢献

顧客とのかかわり

- お客様相談窓口を設置し、製品相談、クレームなどに対応
- アフターサービスを充実させるため、専用窓口を設置し迅速な対応を行なう
- 全社的な品質向上管理を行ない、不良品を出さない活動を実施

地域社会へのかかわり

- 子供のための工作教室やフットサル大会に協賛。地域の子供たちのふれあいの場を提供する
- 環境問題の講師として、学校などに社員を派遣する出張教室を開催
- 社員にボランティア休暇を与え、社会貢献の機会をつくる
- 地震などの被災地に社員を派遣する

従業員へのかかわり

- 障害者を積極的に雇用。働く場と社会活動の場を提供
- 女性管理職の養成など。女性の活躍の場をつくる
- 介護、育児休暇を充実させ、家庭と仕事の両立を図ってもらう
- グループ会社内での転職で、より自分の力を発揮できる職場環境を提供

08

ＢＳＣ経営とは?

結果だけでなく途中経過を管理して、最終的に売上や利益を伸ばす手法です。

●途中経過を数値で管理

野球でもサッカーでもスポーツの試合では、監督はゲームプランどおりに進んでいないと感じたら、選手を交代させたり戦術を変えたりといった対策を講じます。

これを会社経営に取り入れたのが**ＢＳＣ（バランス・スコアカード）経営**です。事前の計画どおりに進んでいるかどうかの途中経過をチェックし、最終的な目標を達成しようとする手法です。

途中経過をチェックする指標として、①財務の視点、②顧客の視点、③業務プロセスの視点、④学習と成長の視点という4つの視点があります。

具体的には、①は「売上高」「経常利益率」などお金に関する指標を、②は「顧客獲得率」「顧客満足度」などお客様に関する指標を、③は「在庫回転率」「生産効率」など、④は「従業員の教育時間」「業務提案数」などです。

これらの指標を数値的に管理することにより、最終的な目標である売上や利益を確保しようというものです。

●経営戦略とのリンク

ＢＳＣ経営で設定する指標は当然、それぞれの会社で違ってきます。その会社が、なにを目標にし、どのような経営戦略を立てるかで、変わってきます。

たとえば、ある会社が全国に営業所をつくり、地域に密着した営業を展開しようという営業戦略を立てたとします。この場合、その戦略を実現するために「各営業所担当者の教育時間」「地域の得意先への訪問時間」「地域得意先からの引合数」「成約数」などが、途中経過をチェックする指標となるでしょう。

地域得意先からの引合数が多いのに成約数が少ないとすれば、それは営業担当者の対応が悪い、商品自体に魅力がないなどの原因が推測されます。また、引合数自体が少なければ、得意先訪問数を調べます。訪問数が少なければ訪問回数を増やす改善活動をします。

このように、途中経過をチェックして状況を常に把握し、問題があれば改善活動を行なっていくのです。

バランス・スコアカード▶もともとは組織の業績や効率に関する評価をまとめた簡単なレポート（表）だった。現在では、いろいろな組織形態に合わせて改良され、会社だけでなく学校、軍、政府機関などで利用されている。

■BSC経営の流れ

財務の視点

顧客満足度が高くなったので注文が増えた！

売上・利益が向上する

顧客の視点

納期が短くなったので、お客様が喜んでいる

顧客満足が得られる

業務プロセスの視点

従業員教育のおかげで生産性が倍になり、納期も短くなった

仕事のやり方が変わる

学習と成長の視点

従業員の教育時間は十分あるから社員の能力も向上した

社員の育成・成長

09 内部統制とは？

会社のなかで業務が正しく行なわれるようなしくみをつくり、管理します。

●企業の不祥事を防止するため

アメリカの大手エネルギー会社のエンロン社が、巨額の粉飾決算が発覚し、２００１年12月に経営破たんして社会的にも大きな影響を及ぼしました。日本でも、日興コーディアル証券の粉飾決算が明らかになり、上場廃止直前まで追い詰められたことは記憶に新しいでしょう。

このような企業の会計不祥事を受けて、会社のなかの会計処理や財務情報の透明性と正確性を確保するための**内部統制**のしくみが注目されています。内部統制とは、簡単にいうと、会社内の業務が適正に行なわれるような体制やシステムをつくることです。

もちろん、内部統制のためにしくみやルールをつくっても、きちんと実行できなければ意味がありません。

●会計分野では法律で義務づけられている

内部統制は「Internal Control」の直訳です。会社経営のなかで、粉飾決算などといった大きな違法行為から、小さな不正、単純なミスなどまでを防ぐために必要な基準、ルール、手順などをつくり、正しく運用していくことです。すべての業務が対象となりますが、とくに財務会計の分野において重要視されています。

さらに、基準やルールをつくるだけでなく、それが正しく運用されていることを証明しなければなりません。

とくに会計の分野では、こうした基準をつくって運用するためには、多くの情報を処理する必要があります。また、会計処理の途中で不正が起こらないしくみも必要です。

そのため、コンピュータシステムを会計処理に活用する例が増えています。コンピュータシステムを使うと、決まった手順でしか処理できない、だれが処理したかがわかる、重要なデータへのアクセスを制限できるなど、会計処理の透明性と正確性を高めることができるからです。

アメリカでは、すでに内部統制を「ＳＯＸ法」という

SOX法▶投資家保護のために、2002年に成立した米国の法律。法案を提出した議員の名前からサーベンス・オクスリー法（略称SOX法）という。このなかに内部統制についても規定されている。

■内部統制のポイント

資産の保全　業務活動　財務活動　コンプライアンス

内部統制のポイント	内容
統制環境の確立	業務などの統制が的確にできる環境をつくる（不正を隠したり見逃さない風土づくりなど）
リスク評価と対応	経営目標達成のためのリスクを洗い出し、その対策を行なう一連の活動
統制活動	経営者の指示命令が、末端社員まで行きとどき的確な活動ができること
情報伝達	統制活動に必要な情報が、迅速かつ正確に社内に届くようにする
活動の監視	内部統制の活動が適正であるように監視し改善活動を行なう
IT活用への対応	統制活動が適切にできるように情報システムを業務に組み込んで利用する

法律で会社に義務づけています。違反した会社の経営者には罰則もあるため、多くの会社では内部統制に取り組むようになりました。

日本では、日本版ＳＯＸ法といわれる金融商品取引法が施行され、上場企業は２００８年度から内部統制による会計処理が義務づけられるようになりました。

10

品質管理や環境への配慮

ＩＳＯを取得し、品質向上や環境問題に取り組む会社が増えています。

●製品やサービスの品質管理を向上させる

ＩＳＯ９０００シリーズは、製品やサービスを提供する会社に対する**品質管理、品質保証のための国際規格**です。このように書くと、たとえば不良率３％以下にするなどの品質基準があり、それをクリアしないといけないのかと思われがちですが、そうではありません。

この規格では「品質管理のマネジメント」ができているかどうかが審査されます。たとえば工場での製品検査について、明確な手順と基準をつくり、それが適正に運用されているかどうかを審査します。検査基準は、それぞれの会社で独自に決めることになります。

つまり、ＩＳＯ９０００シリーズを取得した会社は、自社で設定した品質管理の基準にしたがい、品質向上のための取り組みを実行している、ということです。

この規格は製造業だけのものではなく、ＩＳＯ９０００シリーズを取得し保育サービスを充実させている幼稚園もあります。

●環境にやさしい会社になる

ＩＳＯ１４０００シリーズは、企業の**環境管理を目的とした国際規格**です。ＩＳＯ９０００シリーズと同じように、一定の数値基準をクリアしなければならないというものではなく、地球環境を保護する目的で、会社が環境への負荷を減らす活動を行なうためのマネジメントができているかどうかが評価されます。

ＩＳＯ１４０００シリーズを取得した会社では、自社で「環境方針」を設定し、それにもとづいて独自の環境マネジメントシステムをつくります。このマネジメントシステムを実行するための手順を決めて、会社として取り組んでいます。

ＩＳＯ９０００シリーズとＩＳＯ１４０００シリーズは「品質」と「環境」という目的は違いますが、会社が独自に取り組む基準やルールをつくり、継続的にこれを実施していくという点では同じだといえるでしょう。

Key Word

KES環境マネジメントシステム▶京都にある特定非営利活動法人KES環境機構がISO14000シリーズにつながる活動として認定を行なう環境マネジメント制度。中小企業でも取り組みやすく、2007年4月現在で1573社が認定されている。

■ISO9000シリーズの内容

（一部を抜すい）

4. 品質マネジメントシステム
   - 4.1 一般要求事項
   - 4.2 文書化に関する要求事項
5. 経営者の責任
   - 5.1 経営者のコミットメント
   - 5.2 顧客重視
   - 5.3 品質方針
   - 5.4 計画
   - 5.5 責任、権限およびコミュニケーション
   - 5.6 マネジメントレビュー
6. 資源の運用管理
   - 6.1 資源の提供
   - 6.2 人的資源
   - 6.3 インフラストラクチャー
   - 6.4 作業環境
7. 製品実現
   - 7.1 製品実現の計画
   - 7.2 顧客関連のプロセス
   - 7.3 設計・開発
   - 7.4 購買
   - 7.5 製造およびサービス提供
   - 7.6 監視機器および測定機器の管理
8. 測定、分析および改善
   - 8.1 一般
   - 8.2 監視および測定
   - 8.3 不適合製品の管理
   - 8.4 データの分析
   - 8.5 改善

自社の製品やサービスをお客様に提供するにあたり、まず会社として品質方針（顧客の信頼を第一に、誠意をもって行動するなど）を設定し、これを会社で共有する。そして、その品質方針にもとづき、設計方法、生産方法、検査方法などを文書化して標準化することにより、だれが業務を行なっても同じことができるようにする

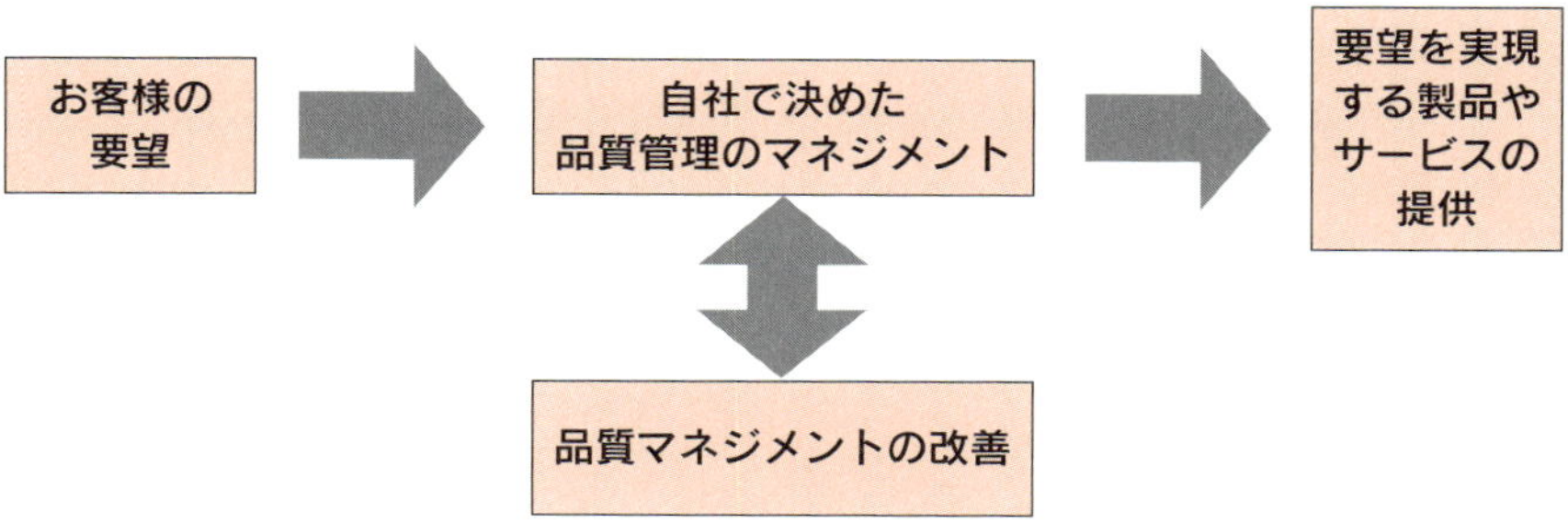

会社にも影響が大きい少子高齢化の問題

いまや、子供の数が減って高齢者が増えるという少子高齢化は、大きな社会問題となっています。このままでは、平成27年には65歳以上の人口の割合は26％になり、４人に1人は高齢者になってしまうと推計されています（総務省の資料より）。

この少子高齢化は、会社にとって、どのような影響を与えるのでしょうか。

子供の数が減るということは当然、子供向け商品の市場が小さくなるということです、しかし、それ以上に深刻なのは、将来の働き手が減ることです。労働者が不足すれば会社は人材の確保がむずかしくなりますし、そうなると経済自体も停滞してしまいます。

そのため、国や会社は将来の労働者不足に備えて、いろいろな対策を考えています。

具体的には、ニートやフリーターと呼ばれる定職をもたない若者や女性、高齢者、外国人をうまく活用する方法が検討されています。とくにニートなど若者対策については、国や都道府県が職業訓練などを行ない、働く意欲をもってもらおうとしています。

大企業では、育児休業制度や介護休業制度などを積極的に取り入れて、女性が働きやすい環境をつくっています。通常、育児休暇中は無給なのですが、ある程度の給料を支給する会社もあります。高齢者についても、定年の延長や定年後も継続して雇用する会社が増えていますし、定年延長などを行なう会社には国から助成金などが支給されます。

少子高齢化対策には、こうした労働力を確保するための対策だけでなく、仕事の生産性をアップさせる方法もあります。ある会社では、コンピュータシステムを導入して、それまで従業員が行なっていた受注登録作業を大幅に改善しました。これにより登録作業に必要な従業員の数は半分以下になりました。

坂田岳史（さかた　たけし）

昭和36年生まれ。国立舞鶴高専電気工学科卒。有限会社ダイコンサルティング代表取締役。京都IT経営支援ネットワーク代表。中小企業診断士。ITコーディネータ。ITストラテジスト。18年間に渡ってIT系企業で情報システム構築に従事。平成12年に独立し、現在は中堅・中小企業のIT・経営・マーケティング分野のコンサルティングに従事するほか、講演、セミナー、執筆活動も行なう。とくにITを活用した経営改革に実績がある。

主な著書に『Webソリューションのすべて』『図解でわかるソフトウェア開発のすべて』『P2Pイノベーションのすべて』（以上、日本実業出版社）、『ITスペシャリストのための業務知識』（秀和システム）などがある。

<イラスト図解《ずかい》>

会社《かいしゃ》のしくみ

2007年８月20日　初 版 発 行
2016年12月10日　第11刷発行

著　者　坂田岳史 ©T. Sakata 2007
発行者　吉田啓二

発行所　株式会社日本実業出版社　東京都新宿区市谷本村町３－29 〒162-0845
大阪市北区西天満６－８－１ 〒530-0047

編集部 ☎03-3268-5651
営業部 ☎03-3268-5161　振　替　00170-1-25349
http://www.njg.co.jp/

印刷／壮光舎　　製本／共栄社

この本の内容についてのお問合せは、書面かFAX（03-3268-0832）にてお願い致します。

落丁・乱丁本は、送料小社負担にて、お取り替え致します。

ISBN 978-4-534-04270-5　Printed in JAPAN